Martin R. Textor (Hrsg.)

Erziehungs- und Bildungspartnerschaft mit Eltern

W0059195

Martin R. Textor (Hrsg.)

Erziehungs- und Bildungspartnerschaft mit Eltern

Gemeinsam Verantwortung übernehmen

HERDER

FREIBURG · BASEL · WIEN

Gedruckt auf umweltfreundlichem, chlorfrei gebleichtem Papier
Umschlaggestaltung: R·M·E Roland Eschelbeck / Rosemarie Kreuzer
Umschlagfoto: Hartmut W. Schmidt, Freiburg

Alle Rechte vorbehalten – Printed in Germany
© Verlag Herder Freiburg im Breisgau 2006
www.herder.de
Satz: Barbara Herrmann, Freiburg
Druck und Bindung: fgb · freiburger graphische betriebe 2006
www.fgb.de
ISBN-13: 978-3-451-28945-3
ISBN-10: 3-451-28945-8

Inhalt

Teil II
Konzepte und Inhalte der Elternbildung

Teil III
Die Zukunft der Erziehungs- und Bildungspartnerschaft

Vorwort

Neuere Ergebnisse der Familienforschung verweisen auf den strukturellen und qualitativen Wandel des Systems Familie. Im Mittelpunkt vieler Studien stehen die Frage nach der sozialen und kulturellen Konstruktion moderner Elternschaft und die Frage nach den Herausforderungen, denen sich junge Eltern gegenwärtig gegenübersehen. Neben der Vereinbarkeit von Familie und Beruf liegen Probleme z. B. in der zunehmenden Erziehungsunsicherheit von Eltern – bis hin zu Erziehungsschwierigkeiten. Belastungen wie Trennung und Scheidung, Alleinerzieherschaft, Arbeitslosigkeit oder Migranten-Status prägen häufig das Familienleben.

Kindertageseinrichtungen sind die ersten öffentlichen Institutionen, mit denen alle jungen Familien in Kontakt kommen. Hier erwarten Eltern neben einer guten Betreuung, Erziehung und Bildung ihres Kindes auch zunehmend Partizipationsmöglichkeiten, Unterstützung bei der Familienerziehung und Beratung bei Problemen. Damit kommt der Zusammenarbeit zwischen Eltern und Erzieherinnen[1] eine immer größer werdende Bedeutung zu. Dies wird auch in den meisten Bildungsplänen und Bildungsempfehlungen der Bundesländer offensichtlich, die der Elternarbeit einen hohen Stellenwert beimessen. In vielen dieser Pläne – und in den meisten aktuellen Fachpublikationen – wird gefordert, dass Elternarbeit als „Arbeit *an* den Eltern" durch eine gleichberechtigte Zusammenarbeit von Erzieherinnen und Eltern ersetzt werden solle – im Sinne einer *Erziehungs- und Bildungspartnerschaft.*

Tiefgreifende gesellschaftliche Wandlungsprozesse haben erheblichen Einfluss auf familiale Lebensbedingungen. Mit den Herausforderungen, die Elternschaft im 21. Jahrhundert bedeutet, und den in den Bildungsplänen formulierten Vorschlägen für eine konstruktive Zusammenarbeit zwischen Kita und Eltern unter diesen veränderten Bedingungen beschäftigt sich einleitend der erste Beitrag dieses Buches (Martin R. Textor).

Der erste Themenschwerpunkt ist an der Praxis orientiert. In den Beiträgen werden bislang in Tageseinrichtungen angewandte Formen

---

[1] Der besseren Lesbarkeit willen wird in diesem Sammelband nur die weibliche Form verwendet. Erzieher sind selbstverständlich ebenfalls gemeint!

der Erziehungs- und Bildungspartnerschaft vorgestellt (Martin R. Textor). Es wird aufgezeigt, dass eine gute und gelingende Zusammenarbeit mit Eltern auf einer gründlichen Bedarfsanalyse, einer genauen Planung der Angebote und der Mitbestimmung der Eltern beruht (Brigitte Blank). Ferner geht es in den Beiträgen um die Einbindung von Eltern in die pädagogische Arbeit sowie um die Beratung und das Erschließen von Hilfsangeboten innerhalb eines funktionierenden Netzwerks (Martin R. Textor). Innovative Ansätze der Transitionsforschung machen deutlich, dass Erziehungs- und Bildungspartnerschaft insbesondere bei der Gestaltung von Übergängen – beim Übergang eines Kindes in die Kita und von der Kita in die Grundschule – eine wichtige Rolle spielt. Wie sich solche Übergangssituationen partnerschaftlich gestalten lassen, wird im Beitrag von Renate Niesel und Wilfried Griebel vorgestellt. Der letzte Beitrag zu diesem Schwerpunktthema ist einer Grundlage der Zusammenarbeit mit den Eltern gewidmet: der Gesprächsführung (Martin R. Textor). Wie können Erzieherinnen Gespräche mit Eltern positiv gestalten? Was tun, wenn Konflikte unvermeidlich sind?

Der zweite Themenschwerpunkt dieses Buches beschäftigt sich mit Konzepten und Inhalten moderner Elternbildung. Die Hinweise darauf, dass Mütter und Väter bei der Ausübung ihrer Elternrolle Unterstützung und Anleitung benötigen, mehren sich. Die zunehmende Überforderung vieler Eltern lässt sich u. a. am Anstieg der genutzten Erziehungshilfen aufzeigen. Aber welche Erziehungshilfen sind sinnvoll? Und wie können solche Angebote im Rahmen einer Erziehungs- und Bildungspartnerschaft zum Einsatz kommen? Bernhard Kalicki stellt in seinem Beitrag Ansätze zur Familienbildung in Kitas vor. Werner Lachenmaier eröffnet mit seinem Beitrag den (Familien-) Bildungsraum Internet – am Beispiel des Online-Familienhandbuchs. Der Elternbildung bei Familien mit Migrationserfahrung ist der Beitrag von Monika Springer gewidmet.

Um die Zukunft von Erziehungs- und Bildungspartnerschaft geht es im letzten Themenschwerpunkt. Hier bietet ein Blick auf das in England und Wales praktizierte Konzept der Early Excellence Centers bereichernde Anregungen. Im Beitrag von Jutta Burdorf-Schulz und Renate Müller wird das Konzept vorgestellt, und die Autorinnen geben ein Beispiel für die erfolgreiche Adaption dieses Modells in einer Berliner Kita.

Wie sich Kindertagesstätten zu Häusern für Kinder und Familien (im Stadtteil) entwickeln können, die die Lebensqualität von Familien verbessern und unterstützen, die elterliche Erziehungskompetenz fördern, sich konzeptionell etablierten Institutionen öffnen und an den Schnittstellen neue Angebote entwickeln – das beschreibt Ilse Wehrmann in ihrem Beitrag. Die Diskussion über die Ausgestaltungsformen und Möglichkeiten der Erziehungs- und Bildungspartnerschaft muss weitergeführt werden. Zugleich müssen Rahmenbedingungen geschaffen bzw. sichergestellt werden, die sowohl auf Seiten der Eltern als auch auf Seiten der Erzieherinnen eine intensive Kooperation ermöglichen. Wir hoffen, dass wir mit diesem Buch Anregungen geben und Ihr Interesse wecken können – damit die Erziehungs- und Bildungspartnerschaft zwischen Erzieherinnen und Eltern in vielfältigen Formen gelingt.

Martin R. Textor

Martin R. Textor

Einleitung

Die Zusammenarbeit mit Eltern – aus der Perspektive der Erziehungs- und Bildungspläne der Länder

Seit einigen Jahren findet eine intensive öffentliche Debatte über die Leistungsfähigkeit und Qualität unseres Bildungssystems statt. Sie wurde ausgelöst zum einen durch die Delphi-Befragungen, das „Forum Bildung" der Bundesregierung und andere Gremien, die sich z. B. mit dem Entstehen der Wissensgesellschaft, dem zunehmenden Wettbewerbsdruck aufgrund der Globalisierung und dem daraus resultierenden Bedarf an hoch qualifizierten Fachleuten befassten. Zum anderen machten internationale Vergleichsuntersuchungen wie z. B. die OECD-, IGLU- und PISA-Studien deutlich, dass Kinder in der Bundesrepublik Deutschland eine schlechtere Schulbildung als in anderen Ländern erhalten und dass sie in Kindertageseinrichtungen weniger intensiv gefördert werden.

Zugleich verwiesen neuere Erkenntnisse aus Hirnforschung und Entwicklungspsychologie darauf, dass in der frühen Kindheit die für den späteren Schul- und Berufserfolg notwendigen emotionalen, sozialen und kognitiven Grundlagen gelegt werden. So wurde deutlich, dass die Bildungsbemühungen vor allem im Elementarbereich verstärkt werden müssen: Kindertageseinrichtungen haben einen Bildungsauftrag und sollten diesem mehr, umfassender und qualitativ besser nachkommen als bisher.

In allen Bundesländern wurden dann relativ schnell die entsprechenden Anforderungen an die Erzieherinnen in Erziehungs- und Bildungsplänen niedergelegt. Diese werden auch bezeichnet als Bildungsprogramm, Grundsätze elementarer Bildung, Orientierungsplan, Bildungs- (und Erziehungs-) Empfehlungen, Leitlinien, Bildungsvereinbarung oder Rahmenplan. Die Bildungspläne – so werde ich diese Publikationen im Folgenden nennen – wurden von den zuständigen Ministerien der Bundesländer verabschiedet. Obwohl sie nicht so verbindlich wie die Lehrpläne von Schulen sind, kommt ihnen eine große Bedeutung zu: Sie sind letztlich staatlich genehmigte Leitlinien für die pädagogische Arbeit in Kindertageseinrichtungen. Dementsprechend sind auch die Aussagen zur Zusammenarbeit mit Eltern, die sich in den Bildungsplänen befinden, von hoher Relevanz – zumal sie im Vergleich zu den bundes- und landesgesetzlichen Regelungen zum Teil recht ausführlich und praxisnah sind. Deshalb wurden sie als Grundlage für dieses Kapitel über die Bedeutung, die Ziele und Aufgaben der Zusammenarbeit mit Eltern genommen.

Einige Bildungspläne liegen derzeit (Anfang 2006) erst als Entwurf vor; die meisten wurden aber schon (zum Teil nach einer Erprobungsphase) „auf Dauer" verabschiedet. Sie umfassen zwischen einigen wenigen und knapp 500 Seiten. Dementsprechend nimmt auch die Elternarbeit in Kindertageseinrichtungen unterschiedlich viel Platz in den Bildungsplänen ein. Vereinzelt wird dieses Arbeitsfeld nur kursorisch gestreift oder überhaupt nicht erwähnt; ansonsten wird ihm zwischen einer und 12 Seiten gewidmet.

Zumeist wird in den Bildungsplänen nun der neue Begriff „Erziehungspartnerschaft" – oft gekoppelt mit „Bildungspartnerschaft" – anstatt bzw. neben der „alten" Bezeichnung „Elternarbeit" verwendet. Damit ist eine Art Paradigmenwechsel impliziert: weg von der nur von der Seite der Erzieherinnen aus definierten „Arbeit *an* Eltern" (mit den Eltern als „Konsumenten" von Dienstleistungen) und hin zur *Zusammenarbeit als gleichwertige und gleichberechtigte Partner* bei der Erziehung und Bildung des jeweiligen Kindes.

Leitgedanken

In mehreren Bildungsplänen wird zunächst betont, dass die Familie die primäre bzw. wichtigste Sozialisationsinstanz ist und entscheidende Grundlagen für die Entwicklung der Kinder legt. Allerdings gibt es nicht *die* Familie, sondern ganz unterschiedliche Formen und Stile des Zusammenlebens von Kindern und Erwachsenen. Auch sind viele Familien von Belastungen betroffen – von berufsbedingten Wochenend-Partnerschaften über Trennung und Scheidung bis hin zu ungünstigen Wohnverhältnissen, Arbeitslosigkeit, Armut oder Pflege von (behinderten) Familienangehörigen.

Die Eltern werden in den Bildungsplänen als die ersten und wichtigsten Bindungspersonen ihres Kindes bezeichnet. Laut Grundgesetz sind dessen Pflege und Erziehung ihr natürliches Recht und die zuvörderst ihnen obliegende Pflicht (Art. 6 Abs. 2 GG). Insbesondere in den ersten Lebensjahren ist die Familie die „Basis für Selbstbildungsprozesse der Kinder", die ihnen „grundlegende Zugänge zu Bildungsfragen" eröffnet (Ministerium für Bildung, Wissenschaft, Forschung und Kultur des Landes Schleswig-Holstein 2004, S. 11). „Kinder erwerben in ihrer Familie Kompetenzen und Einstellungen, die für das ganze weitere Leben wichtig sind (z. B. Sprachfertigkeiten, Lernmotivation, Neugier, Leistungsbereitschaft, Interessen, Werte, Selbstkontrolle, Selbstbewusstsein, soziale Fertigkeiten). Inwieweit solche Kompetenzen in der Familie ausgebildet werden, bestimmt zu einem erheblichen Teil den Erfolg in Schule und Beruf" (Hessisches Sozialministerium/Hessisches Kultusministerium 2005, S. 115).

Aber auch Erzieherinnen tragen zur Ausbildung sozialer, personaler, motorischer und kognitiver Kompetenzen der Kleinkinder bei. „Wenn wir Bildung als einen Prozess der sozialen Ko-Konstruktion zwischen Kindern und zwischen Kindern und Erwachsenen begreifen, müssen wir die entscheidende Rolle der Bindungspersonen des Kindes beachten: Neben den Eltern (biologischen und sozialen) wirken auch andere Bindungspersonen auf die Bildungsprozesse des Kindes ein – allen voran die Erzieherinnen und Erzieher. Die Beziehungen zwischen diesen wichtigsten Bezugspersonen des Kindes beeinflussen sich gegenseitig und müssen im Interesse einer bestmöglichen Entwicklung des Kindes auch in ihrer Wechselwirkung beachtet werden" (Senatsverwaltung für Bildung, Jugend und Sport 2004, S. 110).

Hier ist wichtig, dass Erzieherinnen die familiale Lebenswelt des jeweiligen Kindes respektieren, also seine Eltern und seine Familienkultur anerkennen und achten. Aber auch die Eltern sollten Wertschätzung für die Fachkräfte zeigen. Dann kann das Kind am leichtesten ein positives Bild von sich selbst und der Welt entwickeln.

Wechselseitige Akzeptanz und Anerkennung reichen aber nicht aus: „Die Kindertagesstätte als erste Einrichtung öffentlicher Erziehung und Bildung knüpft an die Erfahrungen des Kindes in seiner Familie an und erweitert diesen Erfahrungshorizont. Oft betritt das Kind in der Tageseinrichtung erstmals einen Lebensraum außerhalb seines familiären Umfelds. Dabei muss das Kind die Chance haben, seine bisher in der

Familie erworbenen Fähigkeiten in die Kindertagesstätte mit einbringen zu können. Die familiäre Welt ist seine Basis, von der aus sich das Kind Neues aneignen kann oder sich diesem eher verschließt" (Niedersächsisches Kultusministerium 2005, S. 42). Zugleich ist dies die Grundlage, auf der die institutionelle Bildungsarbeit aufbauen muss.

Die Familie als private und die Kindertageseinrichtung als öffentliche Institution für Erziehung und Bildung sind also von Anfang an aufeinander bezogen und durch die kontinuierliche wechselseitige Beeinflussung eng miteinander verbunden. Deshalb ist es laut den Bildungsplänen unabdingbar, dass sie miteinander kooperieren und gemeinsam den Entwicklungsprozess der Kinder begleiten und gestalten. So ist es sinnvoll, nach einem gleichberechtigten und partnerschaftlichen Verhältnis zu trachten. „Anzustreben ist eine Erziehungspartnerschaft, bei der sich Familie und Kindertageseinrichtung füreinander öffnen, ihre Erziehungsvorstellungen austauschen und zum Wohl der ihnen anvertrauten Kinder kooperieren. Sie erkennen die Bedeutung der jeweils anderen Lebenswelt für das Kind an und teilen ihre gemeinsame Verantwortung für die Erziehung des Kindes. Bei einer partnerschaftlichen Zusammenarbeit von Fachkräften und Eltern findet das Kind ideale Entwicklungsbedingungen vor: Es erlebt, dass Familie und Tageseinrichtung eine positive Einstellung zueinander haben und (viel) voneinander wissen, dass beide Seiten gleichermaßen an seinem Wohl interessiert sind, sich ergänzen und einander wechselseitig bereichern. Diese Erziehungspartnerschaft ist auszubauen zu einer Bildungspartnerschaft. Wie die Erziehung soll auch die Bildung zur gemeinsamen Aufgabe werden, die von beiden Seiten verantwortet wird. Wenn Eltern eingeladen werden, ihr Wissen, ihre Kompetenzen oder ihre Interessen in die Kindertageseinrichtung einzubringen, erweitert sich das Bildungsangebot. Wenn Eltern mit Kindern diskutieren, in Kleingruppen oder Einzelgesprächen, bringen sie andere Sichtweisen und Bildungsperspektiven ein. Wenn Eltern Lerninhalte zu Hause aufgreifen und vertiefen, wird sich dies auf die Entwicklung des Kindes positiv und nachhaltig auswirken" (Bayerisches Staatsministerium für Arbeit und Sozialordnung, Familie und Frauen/Staatsinstitut für Frühpädagogik München 2006, S. 438).

Erzieherinnen sind aber auch kraft Gesetz verpflichtet, bei der Wahrnehmung ihrer Erziehungs- und Bildungsaufgaben mit den Eltern zusammenzuarbeiten und sie an Entscheidungen in wesentlichen Angelegenheiten der Kindertageseinrichtung zu beteiligen. In Bildungsplänen wird hier immer wieder auf § 22a SGB VIII und auf entsprechende landesrechtliche Bestimmungen verwiesen. Hinzu kommt, dass Kindertagesstätten – bezogen auf das einzelne Kind – kein „eigenes" Erziehungsrecht haben, sondern dass dieses ihnen von den Eltern per (Betreuungs-)Vertrag übertragen wird. Daraus resultiert ebenfalls eine Verpflichtung zur Kooperation.

In manchen Bildungsplänen wird die Sicherstellung einer hohen Qualität der Erziehungs- und Bildungspartnerschaft verlangt. Beispielsweise wird auf die im Nationalen Kriterienkatalog genannten Qualitätskriterien für Elternarbeit verwiesen, denen sich Kindertageseinrichtungen so weit wie möglich nähern sollten, und auf die diesbezügliche Mitverantwortung der Träger und der Fachberatung (Thüringer Kultusministerium 2004, S. 18). „Zur Verantwortung der Träger gehört es, dem pädagogischen Personal ein ausreichendes Zeitbudget und entsprechende Fortbildungsmöglichkeiten für die gute Kooperationsqualität mit Eltern zu gewähren. Die Qualität der Kooperation mit Eltern ist durch geeignete Verfahren regelmäßig zu überprüfen, sodass eventuell notwendige Maßnahmen eingeleitet werden können (...) oder die Qualifikation der Fachkräfte verbessert werden kann (z. B. durch Fortbildung, Fachberatung oder Supervision)" (Bayerisches Staatsministerium für Arbeit und Sozialordnung, Familie und Frauen/Staatsinstitut für Frühpädagogik München 2006, S. 443).

Ferner werden eine Situations- und Bedarfsanalyse sowie eine genaue Planung seitens der Erzieherinnen verlangt, damit sichergestellt ist, dass die Angebote der jeweiligen Kindertagesstätte möglichst genau den Bedürfnissen und Interessen ihrer Elternschaft entsprechen. „Konkrete Formen und Wege, um die Erziehungspartnerschaft zu gestalten, können von den Erzieherinnen nur ‚vor Ort' und in genauer Kenntnis der besonderen Lebenssituationen der Kinder und Familien ihrer Einrichtung gefunden werden. Grundlegend ist auch hier das Prinzip, dass die Partnerschaft nicht *für* Eltern, sondern *mit* ihnen gestaltet wird" (Sachsen-Anhalt. Ministerium für Gesundheit und Soziales o. J., S. 86). Die Zusammenarbeit benötigt Zeit, gemeinsame Anstrengung und Gelegenheiten zur kontinuierlichen Reflexion.

Als Voraussetzungen auf Seiten der Erzieherinnen, die zum Entstehen einer Erziehungs- und Bildungspartnerschaft beitragen würden, werden in den Bildungsplänen z. B. eine vertrauensvolle und wertschätzende Haltung gegenüber *allen* Eltern, die Akzeptanz unterschiedlicher Lebensentwürfe und „Kulturen" von Familien, die Anerkennung der elterlichen Lebenserfahrung und Erziehungskompetenz, die Berücksichtigung der Interessen und Bedürfnisse der Eltern sowie die Bereitschaft zur kritischen Auseinandersetzung miteinander genannt. Aber auch die Eltern müssen für eine Kooperation offen sein und Vertrauen in die Erzieherinnen haben. Letztlich ist es aber Aufgabe der Fachkräfte, die ersten Schritte zu tun, also die Erziehungs- und Bildungspartnerschaft zu initiieren und voranzutreiben. Sie müssen die Eltern aktiv zur Begegnung und Partizipation einladen.

Selbst wenn Erzieherinnen auf Schwierigkeiten stoßen, sollten sie die Erziehungs- und Bildungspartnerschaft mit den Eltern vorantreiben, denn diese „ist die Grundlage für eine auf Dauer angelegte konstruktive, partnerschaftliche Erziehungs- und Bildungsarbeit mit dem Kind. Gegenseitiges Vertrauen zwischen Eltern einerseits und Erzieherinnen und Erziehern andererseits wirken sich vorteilhaft auf die pädagogische Arbeit mit den Kindern in den Kindertageseinrichtungen aus. Erziehungs- und Bildungspartnerschaften sind als grundlegende Elemente der pädagogischen Arbeit im Rahmen der Betreuung, Bildung und Erziehung der Kinder zu verstehen. Erziehungs- und Bildungspartnerschaft beschreibt einen gemeinsamen Auftrag mit dem Ziel, Methoden und Lösungsansätze zu entwickeln, die den persönlichen Entwicklungsprozess des Kindes aufzeigen und festschreiben" (Rheinland-Pfalz. Ministerium für Bildung, Frauen und Jugend o. J., S. 58). Nur in der Zusammenarbeit mit den Eltern können die Bedürfnisse des jeweiligen Kindes, seine reale Lebenswelt und momentane Situation vollständig erfasst und dann seitens der Erzieherinnen bei seiner Betreuung, Erziehung und Bildung berücksichtigt werden.

Transparenz der pädagogischen Arbeit

In den meisten Bildungsplänen wird als ein wichtiges Ziel der Erziehungs- und Bildungspartnerschaft ein guter Informationsfluss von der Kindertageseinrichtung hin zur Familie genannt. „Die gezielte Information der Eltern über alle Themen der Einrichtung stellt eine der wichtigsten Grundlagen für eine vertrauensvolle Zusammenarbeit zwischen

Einrichtung und Eltern dar. Einrichtungsleitung, Team und Elternausschuss müssen im natürlichen Spannungsfeld zwischen engagierten und nicht engagierten Eltern im täglichen Ablauf die richtige Form finden, die sicherstellt, dass alle Eltern oder Elterngruppen die für sie wichtigen Informationen erhalten" (Rheinland-Pfalz. Ministerium für Bildung, Frauen und Jugend 2004, S. 58). Dies kann beispielsweise durch schriftliche Materialien wie die Konzeption und das pädagogische Konzept der Kindertagestätte geschehen, wobei in „einer Einrichtung mit hohem Anteil an Migrantenkindern ... eine Übersetzung in die jeweilige Landessprache hilfreich" ist (a. a. O., S. 59). Wichtige Informationen für Eltern können sich z. B. auf besondere Betreuungs- und Bildungsangebote, inhaltliche Schwerpunkte der pädagogischen Arbeit, aktuelle Projekte, Gelegenheiten zur Hospitation, Ausleihmöglichkeiten, Elternmitwirkung oder anstehende Veränderungen (bauliche Maßnahmen, längere Erkrankung einer Mitarbeiterin, Vertretungsregelung, neue Öffnungszeiten usw.) beziehen. Sie können schriftlich in der Form von Aushängen und Elternbriefen oder mündlich bei Veranstaltungen oder Tür-und-Angel-Gesprächen übermittelt werden.

In manchen Bildungsplänen wird betont, dass Transparenz der pädagogischen Arbeit über die bloße Information hinausgehe: So soll „allen Eltern Einblicke in den Alltag der Einrichtung ermöglicht" werden (Sachsen-Anhalt. Ministerium für Gesundheit und Soziales o. J., S. 87) – möglichst schon vor Aufnahme ihres Kindes (z. B. durch Schnuppertage, Hospitationen oder Spielnachmittage). Aber auch später solle Eltern Gelegenheiten zum „persönlichen Erleben" des Alltags in der Kindertagesstätte geboten werden (Der Minister für Bildung, Kultur und Wissenschaft 2004, S. 103). Zusätzlich wird eine „ansprechende Dokumentation" gefordert.

Elterngespräche

Der Informationsfluss kann bei der geforderten Erziehungs- und Bildungspartnerschaft natürlich nicht nur einseitig von der Kindertageseinrichtung zur Familie hin verlaufen. So wird in den Bildungsplänen ein offener Gesprächsaustausch zwischen beiden Seiten verlangt. Er beginnt mit Tür-und-Angel-Gesprächen, die für Erzieherinnen selbstverständliche, spontane und durchaus wertvolle Kontaktmöglichkeiten sind. Besonders wichtig sind laut den Bildungsplänen längere (Termin-)Gespräche, bei denen zum Beispiel:

- die Bedürfnisse der Kinder und ihrer Familien zu besprechen sind (vgl. § 22a Abs. 3 SGB VIII);
- die Erwartungen und Wünsche der Eltern an die Erzieherinnen hinsichtlich der Bildung, Erziehung und Betreuung ihres Kindes sowie die Erwartungen und Wünsche der Fachkräfte an die Familien diskutiert werden. Dabei sind unterschiedliche kulturspezifische Hintergründe zu beachten;
- Eltern und Erzieherinnen sich in die Vorstellungen und Handlungen der Kinder hineindenken, die Neugier und den Entdeckerdrang der Kinder nachvollziehen und sie in ihrer Welt zu verstehen versuchen. Divergierende Wahrnehmungen des Kindes werden ausdiskutiert;
- die Erfahrungen mit dem Kind ausgetauscht und dessen Interessen, Fähigkeiten, Stärken und Entwicklungspotenziale erfasst werden. Die „Eltern bringen in die Gespräche ihre Beobachtungen und Deutungen aus dem Alltag der Familie ein – hierfür sind sie die Experten" (Freie und Hansestadt Hamburg. Behörde für Soziales und Familie 2005, S. 25). Die Erzieherinnen berichten über den Entwicklungsstand des Kindes anhand systematischer Beobachtungen, von Dokumentationen bzw. Bildungsbiografien. Letztere können aber auch der Anlass für eine Besprechung sein, zumal sie die persönliche Geschichte und die Entwicklungsfortschritte des jeweiligen Kindes verdeutlichen. „Durch die Reflexion und den Austausch von Beobachtungen ... entsteht ein mehrperspektivisches Bild, das einseitige Sichtweisen korrigiert" (Baden-Württemberg. Ministerium für Kultus, Jugend und Sport 2006, S. 51);
- eine Verständigung über „Grundfragen der Erziehung" stattfinden soll sowie gegebenenfalls „Alternativen aufzuzeigen und vorzuleben" sind (Sachsen-Anhalt. Ministerium für Gesundheit und Soziales o. J., S. 86);
- erreichbare Erziehungs- und Bildungsziele für das jeweilige Kind bestimmt werden: „Dabei können Erzieher/innen, Mütter und Väter Aufgaben gemeinsam festlegen, die sie zwar getrennt voneinander erfüllen, aber dennoch im Sinne eines oder mehrerer realistischer Ziele verfolgen. Erfolge stellen sich in allen Abschnitten des langwierigen Prozesses ein, nicht erst am Ende" (Freistaat Sachsen. Sozialministe-

rium 2006, S. 137 f.). Eine gemeinsame Bildungsbegleitung des Kindes wird möglich: Eltern und Erzieherinnen bemühen sich hinsichtlich des jeweiligen Kindes, „gemeinsame Unterstützungsmöglichkeiten für seinen individuellen Bildungsplan zu finden" (a. a. O., S. 138);

■ den Eltern Bildungskonzepte nahe gebracht werden und mit ihnen über die Themen gesprochen wird, die an die Kinder herangetragen werden. „Der gemeinsame Diskurs von Eltern und Erzieherinnen über Ziele und Inhalte von pädagogischer Arbeit dient so der Unterstützung von Bildungsprozessen der Kinder und beinhaltet wichtige Elemente von Elternbildung" (Der Minister für Bildung, Kultur und Wissenschaft 2004, S. 99). Zugleich können aber auch die Elternsichtweisen und -interessen in die pädagogische Arbeit einbezogen werden;

■ Erziehungsfragen der Eltern diskutiert werden und ihre Erziehungskompetenz gestärkt und unterstützt wird. Zugleich werden sie für die große Bedeutung der Qualität ihrer Partnerschaft und des Familienlebens hinsichtlich einer positiven Entwicklung ihres Kindes sensibilisiert;

■ Rückmeldungen der Eltern zum Angebot und zur pädagogischen Arbeit der Kindertageseinrichtung eingeholt und eventuelle Beschwerden ausdiskutiert werden.

In mehreren Bildungsplänen wird gefordert, dass Entwicklungsgespräche im halbjährlichen Rhythmus erfolgen sollen. In anderen wird von „mindestens einmal jährlich" geschrieben oder davon, dass die Häufigkeit der Besprechungen von Elternausschuss und Einrichtungsleitung festgelegt und in die Konzeption aufgenommen werden soll. Je jünger die Kinder sind, umso mehr Elterngespräche sollten stattfinden, sodass der in den ersten Lebensjahren besonders schnelle Entwicklungsverlauf immer wieder gemeinsam reflektiert werden kann.

Darüber hinaus sind seitens der Kindertageseinrichtung aber auch Beratung, Kriseninterventionsgespräche und Hilfsangebote zu erbringen, wenn das Wohl des jeweiligen Kindes gefährdet ist, die Eltern (Erziehungs-)Probleme haben oder die Lebensbedingungen der Familie belastend sind. Insbesondere bei (Verdacht auf) Lern- und Verhaltensstörungen, Sprachauffälligkeiten, Entwicklungsverzögerungen oder (drohenden) Behinderungen sind Beratungsgespräche unverzichtbar. „Eltern von Kindern mit Beeinträchtigungen sind auf dem Hintergrund ihrer vielfältigen Erfahrungen in besonderer Weise Experten für die Situation ihres Kindes. Der Austausch von Erfahrungen und eine Verständigung über individuelle Ziele und Herangehensweisen sind wichtige Voraussetzungen für einen gelingenden Entwicklungsprozess und die Teilhabe am Alltagsleben in und außerhalb des Kindergartens" (Baden-Württemberg. Ministerium für Kultus, Jugend und Sport 2006, S. 53). Beide Seiten überlegen, wie sie einander beim Umgang mit den Auffälligkeiten oder Belastungen des Kindes unterstützen können und ob besondere Fördermaßnahmen bzw. Hilfsangebote notwendig sind. Entwicklungs- und Beratungsgespräche sollten nachbereitet und hinsichtlich der wichtigsten Inhalte dokumentiert werden. Die Inhalte sind vertraulich: „Gesprächsdaten sind überwiegend anvertraute Sozialdaten (§ 65 SGB VIII), wobei Vertrauensperson nur jene pädagogische Fachkraft ist, die das Zwiegespräch mit den Eltern geführt hat. Die interne Weitergabe wichtiger Gesprächsdaten im Kollegenkreis (z. B. Ablage des Gesprächsprotokolls in der Betreuungsakte) bedarf der elterlichen Einwilligung (§ 65 Abs. 1 Satz 1 Nr. 1 und Abs. 2 SGB VIII)" (Bayerisches Staatsministerium für Arbeit und Sozialordnung, Familie und Frauen/ Staatsinstitut für Frühpädagogik München 2006, S. 446). Bei Eltern mit unzureichenden Deutschkenntnissen muss sichergestellt werden, dass bei längeren Gesprächen mit den Erzieherinnen Dolmetscher/innen anwesend sind.

Ein intensiver Gesprächsaustausch zwischen Erzieherinnen und Eltern kann außerdem in größeren Gruppen stattfinden, z. B. bei Elternoder Gruppenabenden, in Gesprächskreisen, beim Elternstammtisch oder bei zielgruppenspezifischen Veranstaltungen (z. B. nur für Migrant/innen). Hier können die Eltern auch untereinander Informationen und Erfahrungen austauschen.

In einigen Bildungsplänen wird betont, dass Eltern gleichberechtigt in die pädagogische Arbeit einzubeziehen sind. „Zum Beispiel sollte darauf geachtet werden, in Gesprächen über die Entwicklung der Kinder Mütter *und* Väter gleichermaßen zu beteiligen. Auch sollten sich Aushänge, Informationen usw. in den Kindertageseinrichtungen an Mütter *und* Väter richten. Das bedeutet z. B., bei Reparaturarbeiten nicht ausschließlich Väter und Großväter, sondern auch Mütter und Großmütter anzusprechen" (Freistaat Sachsen. Sozialministerium 2006, S. 138). Dasselbe gelte für Begegnungsmöglichkeiten wie Elternstammtische, die

Mitwirkung an Projekten oder Arbeitseinsätze wie zur Gestaltung des Außengeländes oder einer Bewegungsbaustelle.

Väter (und Großeltern) sind außerdem als besondere Zielgruppe zu berücksichtigen: „Auch spezielle Angebote nur für Väter und Kinder wie z. B. ein Samstagvormittag/-nachmittag mit Spiel- und Bastelaktivitäten, ein Projekt ‚Werken mit Holz' (Väter stellen das Werkzeug zur Verfügung und leiten die Kinder an), ein gemeinsamer Ausflug, ein Turnier, eine Aktion ‚Vater-Kind-Kochen', ein ‚Vatertagscafé' oder ein Abendessen an einem Werktag sind Möglichkeiten, Väter aktiv einzubinden. Ferner können Veranstaltungen nur für Väter, wie ein Gesprächskreis oder ein ‚Väterabend', angeboten werden" (Bayerisches Staatsministerium für Arbeit und Sozialordnung, Familie und Frauen/Staatsinstitut für Frühpädagogik München 2006, S. 447).

Erziehungspartnerschaft bei Transitionen

Übergangssituationen erfordern laut den Bildungsplänen die besondere Aufmerksamkeit der Erzieherinnen, da sie von Eltern und Kindern ambivalent erlebt werden und mit vielen Erwartungen, Hoffnungen und Befürchtungen verknüpft sind. Dazu kommen alltagspraktische Veränderungen und Einschnitte wie eine neue Planung des Tagesablaufs, aber auch des Urlaubs. Die Eltern haben zumeist viele Fragen, für deren Beantwortung sich die Erzieherinnen genügend Zeit nehmen sollten. Manches kann auf Informations- bzw. Einführungselternabenden geklärt werden; auf Einzelgespräche kann aber nicht verzichtet werden.

Dem Übergang von der Familie zur Kindertagesstätte kommt eine besondere Bedeutung zu. So finden in diesem Zeitraum die ersten Elterngespräche statt. Nach eher informativen Kontakten mit Eltern, die nach einem Kita-Platz suchen, sich aber noch nicht für eine Einrichtung entschieden haben, kommt es nach der Anmeldung des Kindes zu einem längeren Anmeldegespräch. Hier findet ein erster Informationsaustausch über das jeweilige Kind und seine Familie sowie über die Kindertageseinrichtung und die pädagogische Arbeit statt. Ferner werden formale Inhalte wie der Abschluss eines Betreuungsvertrages bzw. einer Erziehungs- und Bildungsvereinbarung behandelt.

In einigen Bildungsplänen wird auch ein Aufnahmegespräch als sinnvoll erachtet. Hier stehen die Vorbereitung der Familie auf die Transition,

Informationen über deren üblichen Verlauf sowie die Besprechung von Fragen und Ängsten der Eltern im Mittelpunkt. „Bei einem intensiven Aufnahmegespräch erläutert die Erzieherin den Eltern das Eingewöhnungskonzept der Einrichtung und verdeutlicht, welche wesentliche Rolle eine gute Beziehung zwischen Kindergarten und Familie für die Bildung und Erziehung des Kindes spielt. Wichtig ist, dass bei diesem Gespräch nicht nur die Leiterin mit den Eltern spricht, sondern auch die Erzieherin, von der das Kind eingewöhnt werden wird. Um Brüche für das Kind beim Übergang von der Familie in die Kindertageseinrichtung zu vermeiden, tauschen sich Erzieherin und Eltern über Vorlieben und Abneigungen des Kindes und über Rituale und Werte in der Familie und in der Einrichtung aus und stimmen sich ab. Die Erzieherin übernimmt nach Möglichkeit die Rituale der Familie, und auch die Eltern lassen sich auf neue Erfahrungen ein. ... Der Bindungsaufbau zwischen Erzieherin und Kind hängt wesentlich davon ab, inwieweit Erzieherin und Eltern sich gegenseitig akzeptieren können. Darum muss die Erzieherin die Ablösungsprozesse von Eltern besonders sensibel begleiten und sie bei Schwierigkeiten unterstützen. Eltern zu vermitteln, dass sie für die Kinder die wichtigsten Bindungspersonen bleiben, ist eine wesentliche Aufgabe der Erzieherin im Eingewöhnungsgespräch. Damit Eltern ihre Kinder ‚loslassen‘ können, bedarf es auf ihrer Seite Sicherheit und Vertrauen, die die Erzieherin durch Einfühlungsvermögen und nachvollziehbare Informationen anbahnt. Es ist wichtig, dass die Eltern nicht das Gefühl entwickeln, ihr Kind zu ‚verlieren‘ und dass zwischen ihnen und der Erzieherin keine heimlichen Konkurrenzgefühle entstehen" (Der Minister für Bildung, Kultur und Wissenschaft 2004, S. 99 f.). Ferner wird empfohlen, dass zu Beginn der Eingewöhnung ein Elternteil nach dem Bringen des Kindes in der Tageseinrichtung bleibt. So können die Eltern den Kita-Alltag miterleben, dem Kind bei Problemen als Bindungsperson zur Verfügung stehen und leicht relevante Informationen mit den Erzieherinnen austauschen. Dann bildet sich schnell eine Erziehungspartnerschaft heraus.

In einigen Bildungsplänen wird empfohlen, mit den Eltern ein erstes Entwicklungsgespräch zu führen, nachdem das Kind den Übergang bewältigt hat. „Eine wichtige Grundlage dieses Gespräches kann dabei die Dokumentation der Eingewöhnungsphase sein, die zugleich den Anfang einer Bildungs- und Entwicklungsdokumentation des Kindes darstellt" (Freie und Hansestadt Hamburg. Behörde für Soziales und Familie 2005, S. 24).

Eine weitere wichtige Transition, die in nahezu allen Bildungsplänen thematisiert wird, ist die Einschulung. Eltern befassen sich heute mehr als früher mit dem neuen Lebensabschnitt ihres Kindes, da ihnen zumeist bewusst ist, dass dessen Zukunftschancen weitgehend vom Schulerfolg abhängen. Dies kann zu überhöhten Ansprüchen an das Kind – und an die Kindertagesstätte – führen, aber auch zu Ängsten und Verunsicherung. „Gerade für Eltern, deren erstes (vielleicht einziges) Kind in die Schule kommt, ist kaum einzuschätzen, ob ihr Kind den Anforderungen entsprechen kann oder ob seine Fähigkeiten angemessen wahrgenommen und bewertet werden" (Sachsen-Anhalt. Ministerium für Gesundheit und Soziales o. J., S. 83).

Erzieherinnen und Lehrer/innen müssen somit Eltern nicht nur über die anstehende Transition informieren, sondern auch auf deren Erwartungen und Gefühle eingehen – insbesondere auf Unsicherheiten bezüglich der „Schulfähigkeit" ihres Kindes. „Je mehr sich Eltern mit ihren Fragen ernst genommen fühlen, desto wahrscheinlicher ist es, dass sie ihrem Kind die nötige Sicherheit vermitteln, aus der heraus es den Übergang in die neue Lebensphase gut bewältigen kann" (a. a. O.). Dies verlangt einiges an Planung: „Damit dieser Übergang nicht zum Bruch, sondern zur Brücke wird, kooperieren Erzieherinnen/Erzieher, Lehrkräfte und Eltern frühzeitig und vertrauensvoll. Die Kooperation wird inhaltlich und organisatorisch in einem auf die örtlichen Verhältnisse abgestimmten Jahresplan konzipiert, der gemeinsam von Lehrkräften und Erzieherinnen/Erziehern auf der Grundlage des Orientierungsplans erstellt wird" (Baden-Württemberg. Ministerium für Kultus, Jugend und Sport 2006, S. 53). Von besonderer Bedeutung sind Entwicklungsgespräche vor dem Übergang in die Schule, an denen neben Erzieherinnen und Eltern nach Möglichkeit auch Lehrer/innen teilnehmen sollten. Wollen die Eltern ihr Kind nach der Schule z. B. in einem Kinderhort betreuen lassen, muss dies ebenfalls thematisiert werden, da hier das Kind gleich zwei Transitionen auf einmal bewältigen muss. In diesen Fällen ist der Übergang gemeinsam mit der Folgeeinrichtung zu planen.

Elternmitarbeit

In vielen Bildungsplänen wird auf die Mitwirkung von Eltern in der Kindertageseinrichtung eingegangen. „Eltern werden selber als Akteure in den Alltag der Kindertagesstätte eingebunden und übernehmen durch ihre Mitarbeit Verantwortung: Eltern beteiligen sich an der Konzeptionsentwicklung und an der Gestaltung von Veranstaltungen und Familiengottesdiensten (in kirchlichen Einrichtungen), an interkulturell geprägten Treffen und engagieren sich im Förderverein. Auch praktische Mitwirkung ist gefragt, z. B. bei einem Elternfrühstück oder in einem Elterncafe, einem ‚Oma-Opa-Tag' oder einem ‚Vater-Kind-Tag', bei Festen und Feiern und bei Ausflügen" (Niedersächsisches Kultusministerium 2005, S. 44).

Einige Bildungspläne thematisieren eine Bildungspartnerschaft, die durch gemeinsames pädagogisches Handeln von Erzieherinnen und Eltern zustande kommt. Hier erfassen die Fachkräfte die besonderen Fähigkeiten, Kenntnisse und Interessen von Eltern und ermutigen sie, diese in die Arbeit mit den Kindern einzubringen. „Über eine gute Zusammenarbeit mit den Eltern wird die Kindertagesstätte zusätzliche Ressourcen erschließen, um ihren Bildungsauftrag zu erfüllen. Eltern sind eingeladen, an Aktivitäten und pädagogischen Angeboten der Kindertageseinrichtung teilzunehmen, Neues anzuregen und ihre eigenen Kompetenzen einzubringen. Das Netzwerk vergrößert sich, wenn Eltern und Erzieherinnen gemeinsam weitere Experten für einzelne Themen zu gewinnen suchen" (Der Minister für Bildung, Kultur und Wissenschaft 2004, S. 102). Eltern können auch an der Erstellung von Wochen- bzw. Monatsplänen mitwirken sowie an der Planung und Durchführung von Projekten.

Auf diese Weise wird die Unterstützung kindlicher Bildungsprozesse zu einer gemeinsamen Aufgabe von Erzieherinnen und Eltern – auf der Grundlage eines intensiven Austausches über die kindliche Entwicklung, die Inhalte des jeweiligen Bildungsplans und ähnliche Fragen. „Die Offenheit der Mütter und Väter und die Öffnung der pädagogischen Fachkräfte hin zur Familie in ihrer Vielgestaltigkeit bieten ideale Voraussetzungen, ein ‚Haus des Lernens' für alle zu gestalten" (Freistaat Sachsen. Sozialministerium o. J., S. 136).

Die Mitwirkung von Eltern in der Kindertageseinrichtung verschafft ihnen und den Kindern viele neue Erfahrungen. „Die Mitarbeit bietet ihnen nicht nur Einsicht in deren Arbeit, sie stellt für die Kinder eine Verbindung zwischen den verschiedenen Lebensbereichen her und die Eltern erleben ihre Kinder in der Kindergruppe. Spielaktionen, gemeinsames Feiern, Unterstützung bei Bildungsangeboten oder Hilfe bei der Betreuung der Kinder, etwa um Ausflüge durchzuführen, ermöglichen darüber hinaus beiden Seiten, sich im Umgang mit den Kindern zu erleben und voneinander zu lernen. Gerade die Zusammenarbeit im Alltag der Einrichtungen erleichtert es, Eltern und insbesondere auch Väter einzubeziehen, die für Gespräche über Probleme von Entwicklung und Erziehung der Kinder aufgrund ihrer Einstellung oder Herkunft schwieriger zu erreichen sind" (Freie Hansestadt Bremen. Der Senator für Arbeit, Frauen, Gesundheit, Jugend und Soziales 2004, S. 37). Dies gelingt auch gut, wenn Eltern eingeladen werden, bei der Gestaltung der Außenanlagen der Kindertageseinrichtung, bei Renovierungsarbeiten oder bei der Reparatur von Spielsachen zu helfen oder an der Kita-Zeitschrift bzw. Homepage mitzuwirken. Schließlich können sie Veranstaltungen für andere Eltern organisieren und durchführen (z. B. Elterncafé, -stammtisch, -gruppe).

Bildungspartnerschaft kann aber auch bedeuten, dass Erzieherinnen die Bildungsbemühungen der Eltern in ihrer Familie unterstützen. „Es kann diskutiert werden, wie Eltern zu Hause die aktuellen Themen aufgreifen, ergänzen und vertiefen können. So können Eltern z. B. zum Thema passende Bilderbücher aus der Stadtbibliothek ausleihen und mit den Kindern anschauen, mit ihnen über neue Begriffe sprechen oder mit ihnen bestimmte Aktivitäten (z. B. Experiment, Bastelarbeit, Interview) durchführen. Auf diese Weise werden die Lernerfahrungen des Kindes verstärkt und ausgeweitet, wird die Bildung in der Familie intensiviert. Auch durch Aushänge oder Elternbriefe können Eltern über Aktivitäten informiert werden, die sie zu Hause durchführen können und die das pädagogische Angebot in der Kindertageseinrichtung ergänzen" (Bayerisches Staatsministerium für Arbeit und Sozialordnung, Familie und Frauen/Staatsinstitut für Frühpädagogik München 2006, S. 446).

Elternmitbestimmung

Laut den Bildungsplänen sollen Kindertagesstätten eine „demokratische Kultur" entwickeln, sodass Eltern in wesentlichen Angelegenheiten der Einrichtung mitbestimmen können (siehe § 22a Abs. 2 SGB VIII). „Sie ermutigen Eltern, Vorschläge, Kritik und Wünsche einzubringen, und lassen sie erleben, dass ihre Meinung wichtig ist und ihre Anregungen Berücksichtigung finden" (Der Minister für Bildung, Kultur und Wissenschaft 2004, S. 103). Zur Erfassung der Wünsche und Kritik der Eltern können Befragungen und Gesprächsforen durchgeführt werden. Beschwerden sollten ausdiskutiert werden. „Nur in der deutlich spürbaren Atmosphäre einer offenen ‚Beschwerdekultur' gelingt es Eltern und der Einrichtung, sich in ihrem jeweiligen Anliegen ernst zu nehmen und zugleich ihren gemeinsamen Handlungsspielraum sowie die Grenzen der Kindertagesstättenarbeit zu erkennen" (Niedersächsisches Kultusministerium 2005, S. 44). Wie die Erwachsenen mit ihren Konflikten umgehen, kann für die Kinder lehrreich sein: „Erzieherinnen, Erzieher und Eltern können den Kindern zeigen, dass Meinungsverschiedenheiten der Motor für die gemeinsame Suche nach neuen Lösungen sein können. So entwickeln sich demokratische Strukturen in der Kindertageseinrichtung, indem die Erwachsenen vormachen, wie unterschiedliche Interessen und Positionen ausgehandelt werden können. Sie geben Kindern damit ein wichtiges Vorbild für das Zusammenleben und Zusammenwirken in einer demokratischen Gesellschaft" (Senatsverwaltung für Bildung, Jugend und Sport 2004, S. 112).

Hinsichtlich der Mitbestimmung kommt dem Eltern(bei)rat bzw. -ausschuss eine große Bedeutung zu. Seine Beteiligungsrechte werden in den Kita-Gesetzen der Bundesländer festgelegt und umfassen zumeist organisatorische und inhaltliche Bereiche. In Bildungsplänen wird gefordert, dass der Elternbeirat bzw. -ausschuss z. B. an der Erstellung und Weiterentwicklung der pädagogischen Konzeption, der Jahres- bzw. Rahmenplanung, der Gestaltung der inhaltlichen Arbeit, der Umsetzung des jeweiligen Bildungsplans, der Verbesserung des Leistungsangebots der Einrichtung, der Qualitätssicherung, der Planung von Veranstaltungen oder der Öffentlichkeitsarbeit beteiligt werden soll. Auch soll er mitbestimmen, welche Formen der Erziehungs- und Bildungspartnerschaft in der jeweiligen Kindertageseinrichtung praktiziert werden. Ferner sollen Elternbeirat und Einrichtungsleitung besprechen, welche Informationen zu welchem Zeitpunkt und auf welchem Weg (z. B. durch einen Elternbrief oder einen Aushang am „Schwarzen Brett") an alle Eltern weitergegeben werden.

Schließlich sollen Erzieherinnen Eltern motivieren, sich im Gemeinwesen für eine Verbesserung der Lebensbedingungen von Kindern und Familien zu engagieren: „Wenn es … der Kindertagesstätte gelingt, bei Kindern und Eltern Interesse für die Belange und Angelegenheiten des Umfeldes zu wecken, die eine Bedeutung für sie haben, und hierfür zusammen mit den ausführenden Stellen Beteiligungsformen zu finden, übernimmt sie als Teil des Jugendhilfesystems eine wichtige Aufgabe im Sinne des § 1 Abs. 3 Ziff. 4 des Kinder- und Jugendhilfegesetzes. Hierzu können die Mitwirkungen bei der Planung und Gestaltung eines Spielplatzes ebenso zählen wie aktivierende Befragungen und Überlegungen zu Wohn- und Umfeldverbesserungen. Und bei all dem kann die Kindertagesstätte ihre Räume, soweit als möglich, zur Verfügung stellen und damit ihre aktive Beteiligung und Mitwirkungsbereitschaft deutlich machen" (Rheinland-Pfalz. Ministerium für Bildung, Frauen und Jugend 2004, S. 61 f.).

Die Kindertageseinrichtung als Familien-, Nachbarschafts- bzw. Kompetenzzentrum

In mehreren Bildungsplänen wird eine Öffnung der Kindertageseinrichtungen zur erweiterten Familie hin gefordert. Da viele Kleinkinder aufgrund der Mobilität der Bevölkerung weit entfernt von ihren Großeltern und anderen Verwandten leben und somit nicht mehr von deren Lebenserfahrungen profitieren können, sollten Kindertagesstätten die „Annäherung und Begegnung zwischen den Generationen befördern". Sie können „als Treffpunkt fungieren, indem bspw. ein Großvater, der gut Akkordeon spielen kann, mit interessierten Kindern zusammen musiziert oder indem eine Großmutter ihrem Interesse am Fotografieren mit den Kindern gemeinsam nachgeht" (Freistaat Sachsen. Sozialministerium o. J., S. 139).

Darüber hinaus sollten Kindertageseinrichtungen zu Familienzentren ausgebaut werden, in denen Eltern zusammenkommen können, um Informationen und Erfahrungen auszutauschen (z. B. in Elterngruppen, im Elterncafé, beim Elternstammtisch) oder einen Teil ihrer Freizeit zu verbringen (z. B. bei Festen oder Ausflügen). Durch die dabei entstehenden sozialen Netzwerke wird der Isolation einzelner Eltern entgegengewirkt. Zugleich wird Familienselbsthilfe durch gegenseitige Unterstützung möglich, was wesentlich zur Entlastung von Eltern und zur Stabilisierung von Familien beitragen kann. Sozial benachteiligte und Migrantenfamilien sollten direkt angesprochen werden; für sie können auch besondere Angebote wie beispielsweise Deutschkurse (unter Einbeziehung von Volkshochschulen) gemacht werden. Über die erweiterte Familie hinaus soll – laut mehreren Bildungsplänen – auch die Nachbarschaft einbezogen werden. So könnte z. B. ein Mittagstisch für Nachbarn (und natürlich die Eltern) eingerichtet werden.

Ein zentraler Aspekt der Gemeinwesenorientierung ist die Vernetzung der Kindertageseinrichtung mit anderen Institutionen wie z. B. Schulen, Jugendamt, Frühförderstellen, Heilpädagogischen Tagesstätten, Kinderschutzdiensten oder Schulpsychologischen Beratungsstellen, aber auch mit Kinderärzten und freiberuflichen Therapeuten. „Die Kindertagesstätte ist Teil des Gemeinwesens und sollte auch Teil eines Netzwerkes sein, das die Bedürfnisse und Interessen von Kindern, Eltern und Familien auf regionaler Ebene im Blick hat. Die Kindertagesstätte unterstützt damit den öffentlichen Träger bei der Erfüllung des in § 81 des Kinder- und Jugendhilfegesetzes festgelegten Auftrages zur Zusammenarbeit. Durch vielfältige Kontakte zum Umfeld kann der Erfahrungsraum von Kindern und Eltern entscheidend erweitert werden" (Rheinland-Pfalz. Ministerium für Bildung, Frauen und Jugend 2004, S. 61).

In der Kindertageseinrichtung kann Eltern viel leichter als in anderen Institutionen Familienbildung angeboten werden, weil hier die Zugangsbarrieren sehr niedrig sind. „Die Kindertagesstätte ist der früheste institutionelle Partner für junge Familien, der auch von weniger bildungsgewohnten Eltern aufgesucht wird. Die Kindertagesstätte besitzt eine große soziale Reichweite bei niedrigschwelligem Zugang. Sie bietet wohnort- und familiennahen Raum, um in vielfältiger Kooperation unterschiedlicher Partner zur Stärkung von Erziehungs- und Familienkompetenz wesentlich beizutragen. So können beispielsweise Beratungsstellen der Jugendhilfe in der Kindertagesstätte ihre Beratungstätigkeit vor Ort anbieten und hierdurch insbesondere in sozial schwachen Gebieten die Kinder und Eltern unmittelbar erreichen" (a. a. O., S. 62).

Auch die Vermittlung von Hilfsangeboten kann auf direktem und schnellem Weg erfolgen. Die Kindertageseinrichtung wird somit zu einer Anlaufstelle für alle hilfe- bzw. beratungsbedürftigen Familien und übernimmt damit eine wichtige präventive Funktion.

Je mehr über die Betreuung, Erziehung und Bildung von Kleinkindern hinausgehende Angebote in den Kindertagesstätten selbst vorgehalten werden, umso mehr werden diese zu „Kompetenzzentren": Sie entwickeln sich weiter „(anhand von sozialraumorientierten Konzepten) … zu ‚Nachbarschaftszentren' bzw. ‚Familienhäusern' (z. B. mit Eltern-Kind-Gruppen, Spielgruppen, Kurse zur Geburtsvorbereitung, Angebote der Familienbildung, Erziehungsberatung, Tagesmütter- und Babysittervermittlung oder Kleider- oder Spielzeugbörse) und ‚Kommunikationszentren' (z. B. für Gesprächs- und Erfahrungsaustausch, Förderung wechselseitig unterstützender Beziehungen und gemeinsame Aktivitäten von Familien)" (Hessisches Sozialministerium/Hessisches Kultusministerium 2005, S. 117).

Fazit

Insbesondere die letzten Absätze machen deutlich, dass die Bildungspläne der Bundesländer nicht nur die Aufgaben für die Zusammenarbeit mit den Eltern präzisieren, sondern auch Zukunftsperspektiven eröffnen. Erzieherinnen sollen eine Erziehungs- und Bildungspartnerschaft mit allen Eltern eingehen, ihnen Gelegenheiten zur Mitarbeit in der Einrichtung bieten, ihnen echte Mitbestimmungsmöglichkeiten eröffnen und die Kindertagesstätte zu einem Nachbarschafts- und Kompetenzzentrum ausbauen. Diese Zielsetzungen verdeutlichen die große Bedeutung, die der Kooperation mit Eltern seitens der Landesregierungen beigemessen wird.

Literatur

Baden-Württemberg. Ministerium für Kultus, Jugend und Sport: Orientierungsplan für Bildung und Erziehung für die baden-württembergischen Kindergärten. Pilotphase. Weinheim, Basel: Beltz 2006

Bayerisches Staatsministerium für Arbeit und Sozialordnung, Familie und Frauen/ Staatsinstitut für Frühpädagogik München: Der Bayerische Erziehungs- und Bildungsplan für Kinder in Tageseinrichtungen bis zur Einschulung. Weinheim, Basel: Beltz, 2. Aufl. 2006

Der Minister für Bildung, Kultur und Wissenschaft: Bildungsprogramm für saarländische Kindergärten. Handreichungen für die Praxis. Entwurf August 2004. Vorgelegt von: Internationale Akademie, INA gemeinnützige Gesellschaft für innovative Pädagogik, Psychologie und Ökonomie mbH an der Freien Universität Berlin. Saarbrücken: Selbstverlag 2004

Freie Hansestadt Bremen. Der Senator für Arbeit, Frauen, Gesundheit, Jugend und Soziales: Frühkindliche Bildung in Bremen. Rahmenplan für Bildung und Erziehung im Elementarbereich. Bremen: Selbstverlag 2004

Freie und Hansestadt Hamburg. Behörde für Soziales und Familie (Hrsg.): Hamburger Bildungsempfehlungen für die Bildung und Erziehung von Kindern in Tageseinrichtungen. Hamburg: Selbstverlag 2005

Freistaat Sachsen. Sozialministerium (Hrsg.): Der Sächsische Bildungsplan – ein Leitfaden für pädagogische Fachkräfte in Kinderkrippen und Kindergärten. Rohfassung. www.kita-bildungsserver.de/includes/do_download.php?id=37 (rohfassung_saechsischer_bildungsplan.pdf) (abgerufen am 13.03.2006)

Hessisches Sozialministerium/Hessisches Kultusministerium (Hrsg.): Bildung von Anfang an. Erziehungs- und Bildungsplan für Kinder von 0 bis 10 Jahren in Hessen. Entwurf für die Erprobungsphase. Wiesbaden: Selbstverlag 2005

Land Brandenburg. Ministerium für Bildung, Jugend und Sport (Hrsg.): Grundsätze elementarer Bildung in Einrichtungen der Kindertagesbetreuung im Land Brandenburg. Potsdam: Selbstverlag 2004

Ministerium für Bildung, Wissenschaft, Forschung und Kultur des Landes Schleswig-Holstein (Hrsg.): Erfolgreich starten. Leitlinien zum Bildungsauftrag von Kindertageseinrichtungen. Kiel: Selbstverlag 2004

Ministerium für Schule, Jugend und Kinder des Landes Nordrhein-Westfalen (Hrsg.): Bildungsvereinbarung NRW. Fundament stärken und erfolgreich starten. Düsseldorf: Selbstverlag 2003

Niedersächsisches Kultusministerium (Hrsg.): Orientierungsplan für Bildung und Erziehung im Elementarbereich niedersächsischer Tageseinrichtungen für Kinder. Hannover: Selbstverlag 2005

Rheinland-Pfalz. Ministerium für Bildung, Frauen und Jugend: Erziehungs- und Bildungsempfehlungen für Kindertagesstätten in Rheinland-Pfalz. Mainz: Selbstverlag o. J. (2004). www.mbfj.rlp.de/Wir_ueber_uns/publikationen/Jugend/bildungs-und-erziehungsempfehlungen.pdf (abgerufen am 13.03.2006)

Senatsverwaltung für Bildung, Jugend und Sport (Hrsg.): Das Berliner Bildungsprogramm für die Bildung, Erziehung und Betreuung von Kindern in Tageseinrichtungen bis zu ihrem Schuleintritt. Vorgelegt von: Internationale Akademie, INA gemeinnützige Gesellschaft für innovative Pädagogik, Psychologie und Ökonomie mbH an der Freien Universität Berlin. Berlin: verlag das netz 2004

Saarland. Ministerium für Bildung, Kultur und Wissenschaft: Bildungsprogramm für saarländische Kindergärten. Ein Entwurf zur Erprobung in der Praxis. Saarbrücken: Selbstverlag 2004

Sachsen-Anhalt. Ministerium für Gesundheit und Soziales (Hrsg.): Bildung: elemen-
tar – Bildung von Anfang an. Bildungsprogramm für Kindertageseinrichtungen
in Sachsen-Anhalt. Magdeburg: Selbstverlag o. J.

Sozialministerium Mecklenburg-Vorpommern (Hrsg.): Rahmenplan für die zielge-
richtete Vorbereitung von Kindern in Kindertageseinrichtungen auf die Schule.
In der Fassung vom 1. August 2004. Schwerin: Selbstverlag, 2. Aufl. 2005

Thüringer Kultusministerium: Leitlinien frühkindlicher Bildung. Weimar, Berlin:
verlag das netz 2004

Teil I
Erziehungs- und Bildungs-
partnerschaft in der Praxis

Martin R. Textor

Die Zusammenarbeit mit Eltern – Formen und Angebote

Ein „Standard-Angebot" für die Zusammenarbeit mit Eltern entspricht weder der Vielfalt der Familienformen, den unterschiedlichen Lebenslagen und der „Entstandardisierung" familialer Lebensläufe noch den von Eltern geäußerten Wünschen, Interessen und Bedürfnissen. So müssen aus der Vielzahl der Formen der Erziehungs- und Bildungspartnerschaft diejenigen ausgesucht werden, die dem Bedarf entsprechen und mit denen man möglichst alle Eltern erreicht. Nur so können die Ziele und Vorgaben der Bildungspläne erfüllt werden.

Die Auswahl von Formen der Zusammenarbeit mit Eltern, die in einer bestimmten Kindertagesstätte zum Tragen kommen sollen, ist jedoch ein Balanceakt. Beispielsweise muss berücksichtigt werden, dass manche Eltern gerne Angebote während der Öffnungszeit der Einrichtung hätten, andere zur Abholzeit (mit paralleler Kinderbetreuung) und wieder andere am Abend. Einige vollerwerbstätige Eltern können nur am Freitagnachmittag oder Samstag kommen. Wenn den entsprechenden Wünschen und Erwartungen entsprochen wird, ist jedoch bei einzelnen Angeboten die Teilnehmerzahl recht gering. Dies ist für die Erzieherinnen frustrierend – sollte es aber nicht sein: Entscheidend ist eben, dass *alle* Eltern erreicht werden! Und wenn zu einem Bastelnachmittag nur fünf Migrantenmütter kommen, die bei allen anderen Angeboten der Elternarbeit fehlen, so kann dies sogar als großer Erfolg verbucht werden.

Nur durch Experimentieren mit den verschiedenen Formen der Erziehungs- und Bildungspartnerschaft kann herausgefunden werden, welche sich für die jeweilige Elternschaft am besten eignen. Das macht die Zusammenarbeit mit den Eltern für die Erzieherinnen interessant und abwechslungsreich, verlangt aber auch eine Portion Neugier und Mut – insbesondere wenn Formen ausprobiert werden sollen, für die sich eine Fachkraft nicht genügend qualifiziert fühlt. Prinzipiell sollte das Angebot aber nicht zu groß werden, da sich sonst die Elternschaft aufsplittert und die Teilnehmerzahlen bei den einzelnen Aktivitäten zu klein werden. Diese Gefahr ist jedoch eher gering, da die Zeit der Erzieherinnen für die Zusammenarbeit mit Eltern recht knapp bemessen ist. Auch muss berücksichtigt werden, dass sich eine Erziehungs- und Bildungspartnerschaft am intensivsten in Termingesprächen realisiert. Für sie sollte immer genügend Zeit eingeplant werden. Deshalb können nur *einige* weitere Angebote gemacht werden.

In diesem Kapitel sollen nun einige der wichtigsten Formen der Erziehungs- und Bildungspartnerschaft vorgestellt werden, und zwar weitgehend in der Reihenfolge, wie sie im Verlauf eines Kindergartenjahres auftreten. Selbstverständlich können in einer Kindertageseinrichtung nicht alle diese Formen angeboten werden – wie bereits erwähnt, ist eine den Zielen der Zusammenarbeit und dem Bedarf entsprechende Auswahl zu treffen.

Die ersten Elternkontakte

Die Zusammenarbeit beginnt bereits mit dem ersten Kontakt zu den Eltern – wenn diese ihre Kinder in der Einrichtung anmelden. Ab diesem Zeitpunkt bis hin zum Ende der Eingewöhnungsphase werden die Erwartungen der meisten Eltern geprägt – in Richtung Teilnahmslosigkeit oder in Richtung aktiver Beteiligung am Kindergartengeschehen. Vielen Eltern ist bei der Anmeldung nicht bewusst, dass Erzieherinnen mit ihnen zum Wohle der Kinder zusammenarbeiten wollen, eine „Erziehungs- und Bildungspartnerschaft" anstreben. Deshalb muss ihnen vom ersten Augenblick an und immer wieder deutlich gemacht werden, dass ihre aktive Mitarbeit erwünscht ist und geschätzt wird.

Das Anmeldegespräch

Das Aufnahmegespräch bietet eine gute Gelegenheit, einen ersten Schritt in Richtung Offenheit und Transparenz zu tun. So sollten möglichst beide Eltern mit ihrem Kind zu dem Termin kommen und vorab erfahren, dass sie sich auf ein längeres Gespräch einstellen sollten. Im ersten Teil des Anmeldegesprächs geht es darum, die Eltern mit der Einrichtung vertraut zu machen und ihnen einen ersten Einblick in die pädagogische Arbeit zu gewähren. Hier bietet es sich an, die Konzeption als

Grundlage zu nehmen – die den Eltern möglichst vorab zugeschickt werden sollte (zusammen mit Merkblättern, Betreuungsvertrag usw.), sodass sie sich schon damit befassen und bei Unklarheiten nun im Gespräch nachfragen können. Auf diese Weise erfahren die Eltern, welche Erziehungsziele und -schwerpunkte, pädagogischen Ansätze und Prinzipien von den Fachkräften vertreten werden – und wie die Zusammenarbeit mit den Eltern bisher gestaltet wurde und in welcher Form ihre Mitarbeit erwünscht ist oder sogar erwartet wird. Während manche Eltern über die Mitwirkungswünsche erfreut sind, reagieren andere eher zurückhaltend, insbesondere wenn sie sich von der Einrichtung Entlastung (und nicht eine neue „Belastung") erwartet haben.

Haben sich die Fachkräfte offen über ihre Arbeit und ihre Erwartungen geäußert, bietet es sich an, den Eltern alle Räume der Einrichtung zu zeigen und die anwesenden Kolleginnen vorzustellen. Während dieses ersten Teils des Anmeldegesprächs sind die Eltern laut Bernitzke und Schlegel (2004) vor allem mit Folgendem beschäftigt: „Neben den räumlichen Gegebenheiten werden auch Stimmungen, die besondere Atmosphäre der Einrichtung sowie die Haltung der Erzieherinnen zu den Eltern sensibel wahrgenommen und interpretiert. Die Eltern sehen die Einrichtung unter der Perspektive: Wie wird es meinem Kind hier ergehen? Ist diese sozialpädagogische Einrichtung optimal für mein Kind? Inwieweit werde ich hier mit meinen Anliegen gehört?" (S. 76).

Während einige Eltern vielleicht noch eine andere Kindertagesstätte anschauen wollen, haben sich die meisten nun endgültig entschieden, ihr Kind anzumelden. So fällt es ihnen leicht, im nächsten Teil des Anmeldegesprächs von ihrem Kind, seiner bisherigen Entwicklung, seinen besonderen Bedürfnissen und ihren Familienverhältnissen zu berichten. Vor dem Erledigen der Formalitäten kann schließlich noch gemeinsam die Eingewöhnungsphase geplant werden. In diesem Kontext können die Erzieherinnen darauf hinweisen, dass sie immer wieder das Gespräch mit den Eltern über ihr Kind suchen werden, da nur auf diese Weise beide Seiten ein vollständiges Bild von seiner Persönlichkeit und seinem Verhalten gewinnen können. Dies erlaubt es zugleich, die Bedeutung der Kontinuität zwischen Familien- und Fremderziehung für die kindliche Entwicklung zu betonen. Dazu müssten beide Seiten in eine Erziehungs- und Bildungspartnerschaft eintreten.

Vorbesuche

Die Öffnung der Kindertageseinrichtung zur Familie hin kann noch dadurch verstärkt werden, dass dem jeweiligen Kind und seinen Eltern Vorbesuche in seiner zukünftigen Gruppe ermöglicht werden. Diese können aktiv oder beobachtend am Geschehen in der Kindergruppe teilhaben und einen ersten Eindruck von dem Leben in der Einrichtung erhalten. Zugleich wird den Eltern verdeutlicht, dass die Erzieherinnen zu ihrer Arbeit stehen und bereit sind, diese „öffentlich" zu machen. Vorbesuche sollten so gestaffelt werden, dass nie mehr als eine Familie in der jeweiligen Gruppe anwesend ist, sodass die anderen Kinder wenig gestört werden. Sinnvoll sind Nachmittagstermine, da dann zumeist weniger Kinder anwesend sind und die Erzieherin mehr Zeit für die Besucher hat.

Miniclubs

Eine Alternative zu Vorbesuchen in der Kindertagesstätte sind „Miniclubs", also Spielnachmittage, zu denen alle zukünftigen Kinder und ihre Eltern eingeladen werden. Diese ermöglichen den „Gästen" das Kennenlernen der Einrichtung, ihrer Räume und Ausstattung. Für das Kind wichtige Fragen, z. B. nach den Toiletten, können geklärt werden. Allerdings lernen die Kinder und ihre Eltern häufig nicht den zukünftigen Gruppenraum, die später für sie zuständigen Fachkräfte und den „normalen" Kindergartenalltag kennen, bleiben die anderen Gruppenmitglieder eine „unbekannte Größe".

Orientierungsabend

Werden viele Kinder neu aufgenommen, bietet es sich an, die Eltern zu einem „Orientierungsabend" einzuladen. Hier können Konzeption und Praxis der pädagogischen Arbeit ausführlicher und effizienter als bei den Anmeldegesprächen vorgestellt werden. Zudem können Dias oder Videofilme zur Verdeutlichung von Aktivitäten eingesetzt werden. Bei dieser Gelegenheit werden auch alle Eltern über den Tagesablauf, das Essen, das Verhalten bei Erkrankung, die Kleidung des Kindes, Geburtstagsfeiern usw. informiert, werden noch offene Fragen beantwortet. Auf diese Weise ersparen sich die Fachkräfte das „gebetsmühlenartige" Wiederholen gleicher Informationen bei den Anmeldegesprächen, was z. B. dem Austausch über das jeweilige Kind und seine Erziehung zugute kommen kann.

Hausbesuche vor Aufnahme eines Kindes

Eine kaum praktizierte Form der Elternarbeit sind Hausbesuche. Diese können aber durchaus schon in dem Zeitraum vor Aufnahme des jeweiligen Kindes in die Einrichtung sinnvoll sein. Beispielsweise kann die Gruppenleiterin ihre „zukünftigen Kinder" und deren Eltern kurz vor Beginn des Kindergartenjahres aufsuchen. Der zuvor deutlich verbalisierte Zweck ist, dass die Eltern ihr Kind zu Hause „in die Obhut der Erzieherin" geben sollen. Zugleich fällt es ihnen auf „ihrem Terrain" leichter, mit der Fachkraft über das Kind, seine bisherige Entwicklung, besondere Bedürfnisse oder die Familiensituation zu sprechen. Außerdem wird ihnen die Botschaft vermittelt, dass auch von der Familie eine Öffnung hin zum Kindergarten erwartet wird. Wenn das Personal über eine Kamera verfügt, kann bei dem Hausbesuch ein Foto von der Erzieherin und dem Kind für das Familienalbum sowie von den Eltern und dem Kind für die Fotowand der Kindertageseinrichtung gemacht werden. Der Gruppe kann dieses Bild gezeigt werden, sodass sie sich auf das neue Kind und seine Eltern einstellen kann.

Telefonkontakte

Da Hausbesuche recht zeitaufwendig sind und oftmals eine Hemmschwelle auf Seiten der Erzieherinnen und Eltern besteht, sind Telefonkontakte eine gute Alternative. So kann die Gruppenleiterin die Eltern „neuer" Kinder kurz vor Beginn des Kindergartenjahres anrufen, den Wunsch nach einer engen Zusammenarbeit und nach Mitwirkung der Eltern formulieren sowie letzte Informationen über das Kind einholen. Zudem kann den Eltern angekündigt werden, dass die Erzieherin mehrmals im Jahr mit ihnen telefonieren wird, um sich mit ihnen über die Entwicklung des Kindes und aktuelle Ereignisse zu unterhalten. So werden Telefongespräche zu einem normalen, nicht angstbesetzten Geschehen. Sie machen oftmals zeitaufwendigere Gespräche im Büro unnötig und sind vielfach – z. B. bei „Buskindern" in Landkindergärten oder bei Kindern, die von Großeltern gebracht und abgeholt werden – die einzige Möglichkeit, mit den Eltern in Kontakt zu kommen. Unter diesen Umständen wird es auch wahrscheinlicher, dass Eltern von sich aus die Fachkräfte anrufen, wenn sie Fragen haben oder Verhaltensweisen ihres Kindes besprechen wollen.

Elternzusammenarbeit zu Beginn des Kindergartenjahres

In diesem Abschnitt sollen einige Formen der Erziehungs- und Bildungspartnerschaft beschrieben werden, die in den ersten zwei, drei Monaten des Kindergartenjahres praktiziert werden können.

Anwesenheit von Eltern während der Eingewöhnung

Die Eingewöhnungszeit ist für neu aufgenommene Kinder eine schwierige Übergangsphase (Transition). Sie werden mit ihnen unbekannten Erwachsenen, Kindern, Räumen, Spielangeboten, Tagesabläufen, Regeln, Rollenerwartungen usw. konfrontiert, haben noch nicht ihren Platz in der Gruppe gefunden, müssen erste Kontakte zu Gleichaltrigen und Fachkräften knüpfen. So ist es nicht verwunderlich, dass viele Kinder in dieser ihnen ungewohnten Situation verängstigt und unsicher sind. Deshalb benötigen sie in der Eingewöhnungszeit – vor allem wenn sie noch nie in einer größeren Gruppe von Kindern gespielt haben – eine besondere Unterstützung. Hier sollen nur zwei Maßnahmen dargestellt werden, die Eltern einbeziehen.

Ein Angebot ermöglicht den Eltern der neu aufgenommenen Kinder, für die ersten ein, zwei Wochen der Eingewöhnungsphase in der Gruppe anwesend zu sein. Ihr Kind fühlt sich sicher und geborgen, wenn es in seiner Nähe die ihm vertraute Mutter oder den Vater sieht. Die Eltern sollten am Kindergartengeschehen aktiv teilhaben, also z. B. als Spielkameraden zur Verfügung stehen. Es ist sinnvoll, sie explizit darauf hinzuweisen, dass sie sich so wenig wie möglich mit ihrem eigenen Kind beschäftigen sollen, da nur auf solche Weise eine baldige Eingewöhnung erreicht werden kann. Offensichtlich ist, dass dieses Angebot der Hospitation auch deutlich macht, dass die Erzieherinnen an einer Öffnung der Einrichtung interessiert sind und deshalb ihre Arbeit transparent machen wollen. Zugleich wird die große Neugier von Eltern befriedigt, die zum ersten Mal ein Kind in eine Kindertageseinrichtung schicken und dann natürlich wissen möchten, was dort (mit ihm) passiert.

Das andere Angebot ermöglicht den Eltern neu aufgenommener Kinder den Aufenthalt in der Einrichtung – nicht aber in der Gruppe – zu Beginn der Eingewöhnungsphase. Wenn ihr Kind es nicht mehr in der Gruppe aushält, also z. B. weint und schreit, kann es zu seiner Mutter (oder Vater) gebracht und von dieser getröstet werden. Auch ist es möglich, mit einer kurzen Aufenthaltsdauer des Kindes in der Kindertageseinrichtung zu beginnen und diese dann allmählich zu verlängern.

Elterncafé

Das zuletzt genannte Angebot bietet zugleich eine gute Gelegenheit, „neue" und „alte" Eltern miteinander in Kontakt zu bringen und letztere zu aktivieren. So können erfahrene Eltern gebeten werden, die „Neuen" während ihres Aufenthalts in der Kindertageseinrichtung zu „betreuen". Beispielsweise können sie für zwei oder drei Wochen ein „Elterncafé" einrichten, in dem die Wartezeit in einer gemütlichen Atmosphäre überbrückt werden kann. So kann es umgehend zu einem Gesprächsaustausch zwischen „alten" und „neuen" Eltern über die pädagogische Arbeit, das Verhalten von Kindern in der Eingewöhnungsphase und das Verarbeiten von Trennungserfahrungen kommen – nicht nur für viele Kinder, sondern auch für viele Mütter ist die Trennung voneinander für die Dauer des Aufenthalts in der Einrichtung ein schmerzliches Erlebnis.

Ein „Elterncafé" kann natürlich auch von den Eltern auf Dauer betrieben werden – zweimal pro Monat, wöchentlich oder gar täglich. Ohne irgendeine Belastung für die Erzieherinnen können hier Eltern Beziehungen zueinander auf- und ausbauen, ihre Fragen und Probleme diskutieren, einander beraten und unterstützen. Ein einmal pro Monat stattfindendes Elterncafé kann aber durchaus auch einen thematischen Schwerpunkt haben, den die Eltern festlegen und der einmal von ihnen und ein anderes Mal von einer Erzieherin oder einer externen Fachkraft (z. B. Erziehungsberater) abgedeckt wird. Außerdem kann das Elterncafé für Personen aus der Nachbarschaft oder der Kirchengemeinde zugänglich gemacht und damit die Einbettung der Kindertageseinrichtung in den Ortsteil verbessert werden (indirekte Form der Öffentlichkeitsarbeit). Zugleich können sich Kontakte zwischen Kindern und anderen Personen ergeben, die sich nutzbringend aufgreifen lassen.

Aufenthaltsräume für Eltern

Selbst wenn sich ein Angebot wie ein Elterncafé (oder eine Teestube) nicht realisieren lässt, ist es sinnvoll, Aufenthaltsräume für Eltern in der Kindertageseinrichtung zu schaffen. Dies können ein separates Zimmer, eine gemütliche Sofaecke (z. B. im Flur oder im Eingangsbereich) oder eine Sitzgruppe im Außengelände sein. Auch dadurch wird den Eltern neu aufgenommener Kinder die Kontaktaufnahme erleichtert bzw. es wird generell der Gesprächsaustausch zwischen Eltern gefördert.

Tür-und-Angel-Gespräche

Tür-und-Angel-Gespräche mit Eltern neu aufgenommener Kinder spielen eine wichtige Rolle in den ersten Wochen des Kindergartenjahres. Sie haben zum einen eine vertrauensbildende Wirkung: In alltäglichen, oft unwichtig erscheinenden Interaktionen entwickelt sich im Verlauf der Zeit eine tragfähige Beziehung. Insbesondere wenn die Erzieherinnen auf die Eltern zugehen, gewinnen diese den Eindruck, dass die Fachkräfte wirklich an einer Erziehungs- und Bildungspartnerschaft interessiert sind. Zugleich erleben sie, wie ihre Kinder begrüßt bzw. verabschiedet werden, und erkennen, dass eine positive Beziehung zwischen Erzieherin und Kind entstanden ist und letzteres sich in der Einrichtung wohl fühlt. Das erleichtert den Eltern, von sich aus zur Erziehungs- und Bildungspartnerschaft beizutragen.

Zum anderen ermöglichen Tür-und-Angel-Gespräche den Austausch vieler Informationen. Beispielsweise sind Eltern am Verhalten ihres Kindes in der Gruppe, seinen Erfahrungen und Entwicklungsfortschritten interessiert, haben sie noch Fragen zur pädagogischen Arbeit der Fachkräfte. Und die Erzieherinnen benötigen z. B. noch viele Informationen über die Familie und den Erziehungsstil der Eltern, um Reaktionen des jeweiligen Kindes verstehen zu können.

Aber auch im weiteren Verlauf der Kita-Zeit bleiben Tür-und-Angel-Gespräche wichtig, da sie Teil der Übergabesituation sind und dem Austausch von Informationen dienen. Sie sind Ausdruck einer lebendigen Kommunikationskultur, ohne die eine Erziehungs- und Bildungspartnerschaft nicht entstehen und aufrechterhalten werden kann. Während des Bringens und Abholens der Kinder sollte deshalb zumindest eine Fachkraft anwesend sein und den Eltern auch ruhig zuhören – Hektik und Unterbrechungen durch Kolleginnen sind möglichst zu vermeiden. Die Gesprächskontakte sollten allerdings kurz und relevant sein.

Wanderungen und Ausflüge

In den ersten Wochen des Kindergartenjahres sind weitere Angebote sinnvoll, mit denen sich ein Kennenlernen „neuer" und „alter" Eltern erreichen lässt. Dazu gehören z. B. ein Ausflug oder eine Wanderung am Wochenende, wozu alle Familienmitglieder eingeladen werden. So können Erzieherinnen auch mit den Vätern und Geschwistern der betreuten Kinder Kontakt aufnehmen, die ansonsten nur schwer erreicht werden können. Zudem können interessante Beobachtungen über das Familienleben und das erzieherische Verhalten der Eltern gemacht werden. Eine Wanderung oder ein Ausflug verlangt natürlich den Fachkräften die Bereitschaft ab, auch einmal an einem Samstag oder Sonntag zu „arbeiten" – aber die Beobachtungen und Erfahrungen, die solche Aktivitäten ermöglichen, sind dies wert. Zudem können Wanderungen und Ausflüge von den („alten") Eltern selbst organisiert und gestaltet werden. Dies bedeutet nicht nur, dass für die Erzieherinnen keine Vorbereitungszeit anfällt, sondern auch, dass sie keine Angebote machen und die Kinder nicht beaufsichtigen müssen, sodass sie frei für Beobachtungen und informelle Gespräche mit Eltern sind.

Kennenlernfest

Ein Fest bietet die Möglichkeit, dass die „neuen" Eltern die „alten" Eltern (und die Fachkräfte) kennen lernen. Die Leiterin und die/der Vorsitzende des Elternbeirats begrüßen; dieser kann auch das Fest ausrichten. Besonders schnell ist ein Programm erstellt, wenn die Kinder einbezogen werden. Dann kann gemeinsam gespielt, gesungen und gespeist werden. Das Fest kann auch nur für „neue" Eltern angeboten werden – oder laut Verlinden und Külbel (2005) nur für Väter. Im letztgenannten Fall werden Männer erreicht, die ansonsten eher selten in der Kindertageseinrichtung anzutreffen sind. Laden ihre Kinder ein und nehmen diese auch an dem Fest teil, werden viele Väter kommen …

Die ersten Elternabende

In manchen Kindertageseinrichtungen wird bereits beim ersten Elternabend der Elternbeirat gewählt. Sinnvoller ist es jedoch, auch diese Veranstaltung dem Kennenlernen „alter" und „neuer" Eltern und dem Verdeutlichen der Kita-Arbeit zu widmen. Dann fällt es „neuen" Eltern leichter, sich bei der zu einem späteren Zeitpunkt stattfindenden Elternbeiratswahl für bestimmte Personen zu entscheiden oder gar selbst zu kandidieren. Der erste Elternabend kann z. B. damit beginnen, dass die Erzieherinnen einige Dias vorführen, die neu aufgenommene Kinder „in Aktion" zeigen. Werden die Dias dem Tagesablauf entsprechend angeordnet, kann zugleich ein „Tag in der Kindertagesstätte" vorgestellt werden. Eine Alternative hierzu ist, wenn Fachkräfte und „alte" Eltern gemeinsam vom vergangenen Kita-Jahr und seinen Höhepunkten berichten. Anschließend kann dann gemeinsam über die Konzeption der Einrichtung gesprochen werden. Auf diese Weise können frühzeitig Missverständnisse ausgeräumt oder kann ihre Entstehung verhindert werden. Falls viele Migrantenkinder die Einrichtung besuchen, sollten die Erzieherinnen in diesem Kontext auch erläutern, wie sie sowohl den spezifischen Bedürfnissen dieser Kinder wie auch denjenigen der deutschen Kinder gerecht werden. Der erste Elternabend sollte mit einem gemütlichen Beisammensein ausklingen, sodass die Eltern genügend Zeit zum Gespräch miteinander haben. Zudem können sie informell mit den Fachkräften über ihre Fragen, Erwartungen und (ersten) Eindrücke sprechen.

Im Mittelpunkt des zweiten Elternabends steht dann die Wahl des Elternbeirats. Die Leiterin kann nach der Begrüßung zunächst einige Worte zu Bedeutung, Funktion und Aufgabe des Elternbeirats sowie zum Wahlmodus sagen. Dies ist eine gute Gelegenheit, um erneut die Wichtigkeit der Erziehungs- und Bildungspartnerschaft sowie der Elternmitarbeit zu betonen. Anschließend bietet es sich an, dass die bisherigen Elternvertreter/innen von ihrer Arbeit im vergangenen Jahr berichten. Dann stellen sich die Kandidaten/innen vor, und es findet die Elternbeiratswahl statt. Um die Attraktivität dieses Elternabends zu erhöhen, sollte er neben der Wahl noch einen zweiten Schwerpunkt haben. So kann er z. B. mit einer Ausstellung von guten Bilder- bzw. Kinderbüchern, Spielen und Kassetten verbunden werden (kann in Abstimmung mit den Fachkräften von einer Buchhandlung organisiert werden), die den Eltern verdeutlicht, mit welchen Medien sie die Entwicklung ihrer Kinder fördern können (familienbildende Funktion eines Elternabends). Die Ausstellung wird mit einigen Worten zur Medienerziehung eröffnet und ermöglicht ein zwangloses Beieinanderstehen und Gespräch.

Termingespräche

Die Monate Oktober und November sind eine gute Zeit für Termingespräche mit Eltern. Dabei gehen die Erzieherinnen aktiv auf die Eltern zu, statt zu warten, bis Probleme oder Fragen auftreten, auf die reagiert werden muss – die Devise ist hier: „Aktive statt reaktive Elternarbeit." Immer sollten beide Elternteile eingeladen werden: „Auch wenn die Erziehung der Kinder vom zeitlichen Rahmen her auch heute noch überwiegend in den Händen der Mutter liegt, so hat die Person des Vaters im psychischen Erleben des Kindes häufig einen ähnlich hohen Stellenwert wie die der Mutter. ... Darüber hinaus wird durch die Einbeziehung beider Elternteile sichergestellt, dass beide den gleichen Informationsstand haben und eventuelle offene Fragen oder Differenzen mit der Pädagogin im direkten Kontakt geklärt werden können" (Dusolt 2001, S. 22).

Bei Termingesprächen zeigt sich am deutlichsten die Erziehungs- und Bildungspartnerschaft, wenn Erzieherin und Eltern gemeinsam über das Verhalten des jeweiligen Kindes und seine bisherige Entwicklung in Kindertageseinrichtung und Familie sprechen. Dies setzt voraus, dass die Fachkräfte es gezielt beobachtet haben. Zudem wird nach Veränderungen in der Familie gefragt, die für die pädagogische Arbeit in der Kindertagesstätte von Bedeutung sein könnten (z. B. Trennung/Scheidung).

Bei neu aufgenommenen Kindern wird zusätzlich die Eingewöhnungsphase reflektiert. Aktuelle Erkenntnisse aus der Bindungstheorie und Transitionsforschung weisen darauf hin, wie wichtig die Gestaltung von Übergängen ist und wie nachhaltig sich die Bewältigung einer neuen Situation auswirken kann. „Bei den Übergängen handelt es sich um Entwicklungsphasen, in denen tief greifende, anhaltende Veränderungen anstehen, die allesamt mit einer Neuorientierung der beteiligten Beziehungen einhergehen und viel emotionale Kommunikation verlangen" (Haug-Schnabel/Bensel 2005, S. 37). Informationen an die Eltern, die für das erste Entwicklungsgespräch anstehen, beziehen sich somit zu allererst auf die Eingewöhnung. Hat sich das Kind an die Bezugserzieherin gewöhnt? Wie gestaltet es die Phase nach dem Weggang des Elternteils? Kann es sich auf die veränderte Umgebung und andere Personen einstellen? Fühlt es sich wohl oder ist es eher verunsichert? Diese allerersten Fragen klingen vielleicht zunächst etwas banal, reflektieren aber die ersten Anforderungen, die das Kind zu meistern hat. Das Ziel ist, die Lebens- und Alltagssituation bewusst mit den Augen des Kindes zu sehen.

Auf der Seite des pädagogischen Fachpersonals sind weiterhin Fragen relevant, die sich auf die Abhol- und häusliche Situation beziehen. Ist das Kind ausgeglichen oder zeigen sich Unwohlseinssignale? Kann es vielleicht von einigen Erfahrungen aus dem Kita-Alltag berichten? Hat es soziale Kontakte zu anderen Kindern geknüpft, von denen zu Hause berichtet wird? Freut sich das Kind auf den Kindergartenbesuch? Manche Eltern haben in den ersten Wochen des Übergangs ihres Kindes von der Familie in die Kindertageseinrichtung Angst, dass nun ihre Erziehung bewertet würde. So machen sie sich Sorgen, dass sich ihr Kind nicht altersgemäß entwickelt haben könnte oder sich nicht in eine größere Gruppe einpassen kann. Das Termingespräch bietet eine gute Gelegenheit, auf solche Ängste einzugehen und die Eltern zu beruhigen. Ihre Erziehungsleistung sollte möglichst anerkannt und gewürdigt werden.

In allen Termingesprächen wird besprochen, ob das jeweilige Kind derzeit besondere Bedürfnisse hat oder ob es irgendwelche Probleme gibt. Dies ist eine gute Gelegenheit, den Entwicklungsstand und Lernstil des Kindes zu bestimmen sowie gemeinsame Erziehungsziele und -methoden festzulegen. Ferner kann den Eltern aufgezeigt werden, wie sie die Arbeit der Kindertageseinrichtung – bezogen auf ihr Kind – unterstützen können (z. B. durch besondere Aktivitäten mit dem Kind oder bestimmte Spiele). Auf diese Weise wird die Familienerziehung positiv beeinflusst und gleichzeitig die Erziehungs- und Bildungspartnerschaft zwischen Eltern und Erzieherinnen intensiviert. Schließlich können noch Fragen der Eltern zur pädagogischen Arbeit beantwortet werden.

Es ist sinnvoll, die Gesprächsergebnisse stichwortartig niederzuschreiben, sodass sie bei späteren Gelegenheiten verfügbar sind. Überhaupt ist es empfehlenswert, wenn die Gruppenleiterin für jedes Kind einen „Akt" anlegt. Dort kann sie Briefkopien sowie Notizen von Elterngesprächen und Telefonaten, über besondere oder gezielte Beobachtungen u. a. sammeln. Die Papiere sind so aufzubewahren, dass den Datenschutzrichtlinien entsprochen wird. Selbstverständlich dürfen auch keine Gesprächsinhalte oder Unterlagen ohne ausdrückliches Einverständnis der Eltern an Dritte (z. B. Kolleginnen, Fachdienste, Behörden) weitergegeben werden.

Ein wichtiges Ziel: den Übergang erleichtern

Durch die hier genannten Angebote kann Kindern und Eltern die Eingewöhnung in der Kindertageseinrichtung erleichtert werden. Zugleich
entsteht eine tragfähige Basis für die Eltern(mit)arbeit, die auf wechsel-
seitiger Offenheit, Vertrauen und Gesprächsbereitschaft beruht. Die Erzieherinnen lernen schnell die Familien der neuen Kinder kennen,
„neue" und „alte" Eltern kommen in relativ kurzer Zeit in Kontakt miteinander. Zudem wird die pädagogische Arbeit der Kindertageseinrichtung verdeutlicht.

Angebote im weiteren Verlauf des Kindergartenjahres

Die im Folgenden beschriebenen Formen der Erziehungs- und Bildungspartnerschaft können weitgehend zu beliebigen Zeitpunkten während des Kindergartenjahres praktiziert werden.

Hospitation in der Kindergruppe

Der Öffnung der Kindertagesstätte zur Familie hin dient die Hospitation.
Hier können Eltern – mit oder ohne Anmeldung – mehrere Stunden in
der Einrichtung verbringen und werden als aktive Teilnehmer in das Geschehen einbezogen. Die Eltern gewinnen einen Eindruck von der pädagogischen Arbeit und dem Alltag in der Kindertagesstätte. Sie erleben ihr Kind
in der Gruppe, erkennen ganz neue Seiten an ihm und können es mit
gleichaltrigen Kindern hinsichtlich seines Entwicklungsstandes vergleichen.

Außerdem erhalten Eltern viele Anregungen für das Spiel im häuslichen Bereich. Sie sehen, wie die Fachkräfte mit den Kindern z. B. in
Konfliktsituationen umgehen, was eine modellhafte Wirkung für die Familienerziehung haben kann. So verändern sie oftmals Aspekte ihres Er-
ziehungsverhaltens durch Nachahmung der Fachkräfte. Indem sie beobachten, wie anspruchsvoll und schwierig die Arbeit mit einer großen
Kindergruppe ist, entwickeln sie ein neues Verständnis für die Rolle der
Erzieherin und begegnen ihr mit mehr Respekt.

Bevor die Möglichkeit der Hospitation in einer Kindertageseinrichtung eingeführt wird, sollte sie ausführlich im Team besprochen werden.
Möglichst alle Fachkräfte sollten sie bejahen, da es nach außen hin keinen guten Eindruck macht, wenn z. B. nur zwei Gruppen eines drei-
gruppigen Kindergartens dieses Angebot machen. Dazu müssen oft

Ängste abgebaut werden, denn nicht jede Erzieherin ist auf Anhieb bereit, sich von Eltern bei ihrer Arbeit „beobachten" zu lassen und als „Modell" anzubieten. Aber auch mit den Kindern sollte diskutiert werden, was sie davon halten, wenn von Zeit zu Zeit einzelne Eltern am Gruppengeschehen teilnehmen würden.

Dann müssen alle Betroffenen gemeinsam „Regeln" für Elternbesuche festlegen: Beispielsweise ist zu klären, ob Hospitationen nur nach vorheriger Anmeldung möglich sein sollen oder nicht – im ersten Fall entsteht dann leicht die Erwartung, dass an diesem Tag ein besonderes Programm geboten wird. Die Eltern müssen auch vorab informiert werden, wie sie sich verhalten sollen, dass sie also Spielpartner und nicht „stille" Beobachter oder „Ersatzerzieher" sind. Ferner sollen sie nicht nur mit ihrem Kind spielen. Es ist sinnvoll, solche Regeln in einem Elternbrief, durch einen Aushang oder bei einem Elternabend vorzustellen. Wird das Angebot kaum angenommen, sollte geprüft werden, ob den Eltern wirklich das Gefühl vermittelt wurde, dass sie in den Gruppen willkommen sind!

Entwicklungsgespräche

In der zweiten Hälfte des Kindergartenjahres sollte möglichst ein weiteres Termingespräch mit den Eltern (am besten mit Vater *und* Mutter) über die Entwicklung und Erziehung ihres Kindes vereinbart werden. Zu einer gelingenden Zusammenarbeit zwischen Eltern und Erzieherinnen gehören der intensive Austausch und die Abstimmung über Erziehungs- und Bildungsziele.

Finden solche – durchaus kurze – Besprechungen mit allen Familien statt, dann verlieren Eltern sehr schnell die Angst vor ihnen. Sie erleben die Gespräche als „normal", insbesondere wenn die Stärken ihrer Kinder im Vordergrund stehen. Die Dauer der Besprechung sollte so festgelegt werden, dass sowohl die Eltern als auch die Erzieherinnen genügend Zeit haben, die für sie wichtigen Themen anzusprechen. Es darf keine Seite den Informations- und Erfahrungsaustausch dominieren.

Wie bei den Termingesprächen im Oktober und November geht es bei den Entwicklungsgesprächen darum, wie das Kind wahrgenommen und sein Entwicklungsstand eingeschätzt wird. Der Eintritt in den Kindergarten bedeutet für das Kind und die Eltern eine neue Übergangssituation.

Die Grundlage für ein Entwicklungsgespräch ist die Beobachtung des Kindes und die Dokumentation dieser Beobachtungen durch die Erzieherin. Diese pädagogische Aufgabe geht von einem modernen Bild vom Kind aus, d. h. die Fachkräfte „… sehen das Kind als einen aktiven Gestalter seiner eigenen Entwicklung an und berücksichtigen, dass es sein Wissen und seine Kenntnisse über die Welt durch die eigenen Handlungen und Erfahrungen gewinnt" (Viernickel/Völkel 2005, S. 10). Beobachtung und Dokumentation der kindlichen Bildungsbiographie gehören zu den genuinen Fachaufgaben von Erzieherinnen. Die Dokumentation von Beobachtungen bedarf nicht der expliziten Zustimmung der Eltern. Schriftliche Notizen mit personenbezogenen Inhalten und Interpretationen über den Entwicklungsstand des Kindes erfordern allerdings die schriftliche Einverständniserklärung der Eltern. „Praxiserfahrungen zeigen, dass die meisten Eltern ein starkes Interesse daran haben, von den Erzieherinnen konkrete Auskünfte über das Verhalten und die Aktivitäten ihres Kindes im Kita-Alltag sowie über seine Entwicklung zu erhalten, und deshalb systematischer Beobachtung und Dokumentation positiv gegenüberstehen. Mit Beobachtungen, Fotografien oder Anekdoten aus dem Familienalltag können die Eltern zur dokumentierten Bildungsgeschichte des Kindes beitragen" (Viernickel/Völkel 2005, S. 65).

Solche Dokumentationsverfahren bieten zudem viel Material für ein Entwicklungsgespräch über das Kind. Anhand von Fotos können Entwicklungsphasen verdeutlicht werden oder besondere Interessen des Kindes bildlich dargestellt werden. So kann beispielsweise behandelt werden, wie sich das Kind in Familie und Kindertageseinrichtung verhält, was seine Lieblingsaktivitäten in beiden Lebenswelten sind, wie es bevorzugt lernt, wie es von Erzieherin und Eltern erlebt wird, welche Schwierigkeiten mit ihm auftreten und was für ein Erziehungsverhalten sich in solchen Situationen bewährt hat. In diesem Kontext kann auch über besondere Bedürfnisse, Stärken und Schwächen, Auffälligkeiten, Erziehungsschwierigkeiten u. Ä. oder über mögliche Förderangebote gesprochen werden.

In diesen Gesprächen wird oft deutlich, dass sich ein Kind in Familie und Kindertageseinrichtung unterschiedlich verhält. „Ebenso sollten die Erzieherinnen anerkennen, dass die Eltern eine eigenständige Sichtweise ihres Kindes haben, dass die Eltern-Kind-Beziehung von der Erzieherinnen-Kind-Beziehung verschieden ist, dass die Sichtweise der Eltern auf ihren Einbezug in die Einrichtung und die Elternarbeit möglicherweise eine andere als die der Erzieherinnen ist und dass es gilt, diese im Hinblick auf gelingende Kooperation herauszufinden" (Tietze/Roßbach 1996, S. 255). Die Fachkräfte sollten die Bedeutung der Eltern als Erzieher ausdrücklich betonen und sie in dieser Rolle bekräftigen. Sie sollten bereit sein, deren Ansichten, Positionen, Einstellungen und Werthaltungen zu akzeptieren oder zumindest zu tolerieren.

Insgesamt geht es bei einem Entwicklungsgespräch darum, die Eltern als Verbündete für den gemeinsamen Erziehungs- und Bildungsprozess zu gewinnen. Dementsprechend kann es eine sinnvolle Frage sein, ob die Eltern das Kind in den Schilderungen des pädagogischen Fachpersonals erkennen und ob sie ähnliche Erfahrungen gemacht haben. Verläuft das Gespräch offen, sieht die Erzieherin schließlich die Lebenswelt „Familie" aus den Augen der Eltern – und umgekehrt. Beide Seiten entwickeln mehr Verständnis für die psychische und soziale Situation des jeweiligen Kindes, aber auch für ihr Gegenüber. Auf dieser Basis können sie besprechen, wie die Entwicklung des Kindes optimal gefördert werden kann. Erzieherinnen und Eltern sollten nach Übereinstimmung in den Erziehungszielen, -einstellungen und -methoden trachten – die in der Regel weitgehend gegeben ist. Falls Unterschiede festgestellt werden, kann geklärt werden, ob beide Seiten mit ihnen leben können oder ein Kompromiss möglich ist. Für das Kind ist es kein Problem, wenn es in Kindertageseinrichtung und Familie unterschiedlich erzogen wird, falls Eltern und Erzieherin dies ihm gegenüber offen ansprechen und einander respektieren.

In der Regel werden aber Eltern und Erzieherinnen übereinstimmen, wie das jeweilige Kind erzogen werden soll. Dann können sie klären, wie sie dabei am besten miteinander kooperieren können. Beide Seiten teilen nun bewusst die Verantwortung für die Entwicklung des Kindes und ziehen aus den gewonnenen Erkenntnissen heraus Konsequenzen für die eigene Erziehungstätigkeit. Steht der Übergang des Kindes in die Schule oder eine andere Tageseinrichtung an, planen sie die Transition gemeinsam. Zu dieser Besprechung kann unter Umständen auch ein/e Vertreter/in der das Kind übernehmenden Institution eingeladen werden.

Solche regelmäßigen Gespräche schaffen eine Vertrauensbasis und bilden die Grundlage der Erziehungs- und Bildungspartnerschaft zwischen Kindertageseinrichtung und Familie. Sie ermöglichen es Erzieherinnen zudem, ihre Angebote den Lebenslagen, Bedürfnissen und Wünschen der Familien anzupassen. Zugleich wird dem systemtheoretischen Ansatz Genüge getan, nach dem die kindliche Entwicklung und Erziehung immer in der Gesamtschau aller beteiligten Systeme wie Familie, Kindertageseinrichtung und Schule analysiert werden sollten.

Elternsprechstunde

Eine regelmäßig stattfindende und zeitlich begrenzte Sprechstunde ermöglicht Gespräche, die von der Dauer und Intensität her zwischen Tür-und-Angel-Gesprächen einerseits und Termingesprächen andererseits liegen. Auf diese Weise kann der Gesprächsbedarf der Eltern kanalisiert werden: So können z. B. Eltern, die ein Tür-und-Angel-Gespräch ausweiten wollen, weil sie Wichtiges mitzuteilen haben oder etwas wissen wollen, auf die Sprechstunde verwiesen werden. Dies „signalisiert den Eltern, dass sich die Erzieherinnen gezielt für ihre Anliegen Zeit nehmen und bewusst einen Rahmen für ein ungestörtes Gespräch anbieten" (Bernitzke/Schlegel 2004, S. 82).

Kommen Eltern ohne Voranmeldung, kann sich die Erzieherin nicht auf das Gespräch vorbereiten. Außerdem können durchaus mehrere Eltern zur Sprechstunde erscheinen, sodass Wartezeiten anfallen und nur sehr kurze Gespräche möglich sind. So ist es sinnvoll, den Eltern generell zu empfehlen, sich für die Sprechstunde anzumelden.

Elternabende

Zwischen Januar und den Sommerferien finden in den meisten Kindertageseinrichtungen weitere Elternabende mit ganz unterschiedlichen Themen statt. Sie werden gelegentlich auch als Gruppenelternabende angeboten, sodass sich die Eltern der jeweiligen Gruppe besser kennen lernen oder ein gruppenspezifisches Thema diskutieren können (z. B. „integrative Erziehung", wenn es in der Kindertagesstätte eine besondere Integrationsgruppe gibt). Auch in sehr großen Einrichtungen sind Gruppenelternabende sinnvoll, da sie zumeist besser besucht werden.

Beispielsweise kann zu Beginn des neuen Jahres ein Elternabend angeboten werden, der dem Verdeutlichen der pädagogischen Arbeit der Kindertageseinrichtung dient. Hier kann man folgendem Prinzip folgen: Auch Eltern sollten (wie ihre Kinder) durch praktisches Tun und Erfahrung lernen. So bietet es sich an, die Eltern in der ersten Stunde des

Abends einen Vormittag in der Einrichtung zeitlich gerafft erleben zu lassen. Die Gruppenleiterinnen führen „ihre" Eltern durch den Gruppenraum, zeigen die dort befindlichen Spielsachen und Materialien, erklären kurz deren Verwendung und pädagogischen Wert (natürlich nur an Einzelbeispielen). Dann wird die „Freispielzeit" eröffnet: Die Eltern finden sich in Kleingruppen in Gruppen- und Nebenräumen zusammen und spielen, basteln oder malen. Sind die ersten Hemmungen überwunden, vergehen die 30 oder 40 Minuten auf dem Bauteppich, im Rollenspielbereich, am Maltisch oder beim Mensch-ärgere-dich-nicht-Spiel wie im Fluge. Die zweite Stunde ist dann der Reflexion der gesammelten Erfahrungen und der Übertragung auf die Situation der Kinder gewidmet. Erzieherinnen und Eltern diskutieren gemeinsam, wie welche Bereiche der kindlichen Entwicklung durch die ausprobierten Aktivitäten gefördert werden. So wird auch die Bedeutung des (Rollen-)Spiels deutlich.

Beeinflussung der Familienerziehung

Durch Formen der Elternarbeit, die auf eine positive Einflussnahme auf die Familienerziehung abzielen, soll erreicht werden, dass seitens der Eltern die kindliche Entwicklung allseitig gefördert und die Arbeit der Kindertageseinrichtung ergänzt wird. Insbesondere soll erreicht werden, dass Eltern

- ihr Wissen über die Entwicklung, Pflege und Erziehung von Kindern erweitern,
- Beobachtungsfertigkeiten entwickeln, sodass sie ihr Kind alters- und bedürfnisgerecht fördern können,
- gute Erziehungsmethoden einsetzen, sodass positive Verhaltensweisen verstärkt und Erziehungsprobleme vermieden werden,
- ihrem Kind bewusst Lernerfahrungen im Gespräch, im Haushalt oder Spiel vermitteln sowie
- einen dem Alter ihres Kindes entsprechenden Sprachstil verwenden und seine Kommunikationsfertigkeiten fördern.

Zunächst müssen aber oft Widerstände bei einzelnen Eltern überwunden werden, die in der Familienerziehung eine private Angelegenheit sehen.

Erzieherinnen können durch Einzelgespräche mit Eltern, Vorträge von Fachleuten, Elternabende, Elterngruppen und den Verleih von Ratgebern, guten Spielen und Kinderbüchern Einfluss auf die Familienerziehung nehmen. Sie können mit Eltern über die Bedürfnisse von Kin-

dern, entwicklungsfördernde Aktivitäten, Erziehungsziele und -metho-
den diskutieren, ihr Selbstvertrauen und ihre Kompetenz vergrößern
und sie anhalten, ihr Kind viel zu loben und zu ermutigen. Die Eltern
sollten viel und über verschiedene Themen mit ihrem Kind sprechen,
ihm oft vorlesen, alle seine Fragen beantworten, ihm viel Freiraum zur
Erkundung seiner Umwelt lassen, intellektuell stimulierende Aktivitäten
anbieten und seine Lernmotivation stärken. Ein besonders intensives,
aber auch arbeits- und zeitaufwendiges Angebot sind Elternkurse, die
in Kooperation mit Familienbildungseinrichtungen oder Erziehungsberatungsstellen durchgeführt werden können.

Elterntreffpunkte und Elterngruppen

Elternstammtische werden an Abenden und in der Regel außerhalb der
Kindertageseinrichtungen zumeist von den Eltern selbst organisiert;
Erzieherinnen können, müssen aber nicht teilnehmen. Es gibt kein fes-
tes Programm; im Vordergrund stehen Erfahrungsaustausch und „lo-
ckere" Gespräche. Elterngruppen treffen sich hingegen zumeist in der
Kindertagesstätte. Sie können von Erzieherinnen, Eltern oder von außen kommenden Fachleuten (z. B. Erziehungsberatern) geleitet werden, am Nachmittag oder Abend stattfinden, mit oder ohne parallele
Kinderbetreuung erfolgen. Zumeist werden für die einzelnen Treffen
unterschiedliche Themen vereinbart. Im Gegensatz dazu stehen Gesprächskreise in der Regel unter einem bestimmten Thema; alle Teil-
nehmer/innen sind an dieser besonderen Fragestellung (z. B. „Vereinbarkeit von Familie und Beruf", „Erziehung von Kleinkindern")
interessiert. Seltener sind besondere Angebote für Teilgruppen der Elternschaft, also nur für Alleinerziehende, Migrantenfamilien oder Väter und ihre Kinder.

Elterngruppen und -gesprächskreise ermöglichen den Informations-
und Erfahrungsaustausch zwischen Eltern. Da sich diese in vergleichbaren Lebenssituationen befinden, sind sie füreinander kompetente Gesprächspartner. Sie diskutieren über Erziehungsfragen und -probleme
sowie darüber, was im konkreten Fall zur Lösung und Entspannung beigetragen hat, welche Erziehungsmaßnahmen erfolglos blieben und was
dafür wohl der Grund sein könnte. Zudem werden die Entwicklung,
die Bedürfnisse, Wahrnehmungen und Verhaltensweisen der eigenen
Kinder beschrieben und gemeinsam reflektiert. Es geht also nicht um

den Austausch von „Tipps", sondern darum, das Kind und die eigenen Reaktionen besser zu verstehen. Die Eltern erleben, dass sie nicht viel „besser" oder „schlechter" in der Kindererziehung als die anderen sind. So gewinnen sie an Selbstvertrauen.

Feste und Feiern

Ein Angebot der Elternarbeit, durch das fast alle Eltern erreicht werden, sind Feste und Feiern. Zu besonders großen Festen können auch die Nachbarschaft, das ganze Dorf bzw. der Stadtteil oder bestimmte Gruppen eingeladen werden. Dies wäre dann Teil der Öffnung der Kindertagesstätte zum Gemeinwesen hin. Feste dienen dem gegenseitigen Kennenlernen von Eltern, fördern Beziehungen zwischen Eltern und Fachkräften, stärken das Wir-Gefühl, machen Spaß und schaffen damit positive Voreinstellungen gegenüber der Einrichtung. Da bei Festen die Wahrscheinlichkeit besonders groß ist, dass Eltern kommen, die durch andere Angebote der Elternarbeit kaum erreicht werden können (z. B. Migranten, sozial schwache Familien), fördern sie auch deren Integration. Vor allem aber sind Feste für die Kinder Höhepunkte im Kindergartenjahr.

An der Planung, Vorbereitung und Durchführung von Festen können alle Eltern mitwirken. Sie steuern ihre Ideen und Vorschläge bei, stellen (Tisch-)Dekorationen her, gestalten die Räume, kochen und backen (eventuell auch zu Hause), geben Essen und Getränke aus. Noch besser ist es, wenn Eltern darüber hinaus an der Programmgestaltung teilnehmen. Sie können z. B. Sketche bzw. kleine Theaterstücke vorspielen, Vorführungen mit Marionetten oder Handpuppen machen, Spiele und Beschäftigungen für Kinder anbieten. Außerdem ist es durchaus möglich, dass einzelne Feiern nur von den Eltern (bzw. dem Elternbeirat) ausgerichtet und somit die Erzieherinnen weitgehend entlastet werden. Bei Festen, die überwiegend von dem Personal und den Kindern gestaltet werden, sollte beachtet werden, dass sie nicht zu einer „Leistungsschau" der Kindertageseinrichtung verkommen. Auch den Eltern macht es mehr Spaß, wenn sie in Aktivitäten einbezogen werden, also z. B. von den Kindern als Spielpartner für Wettspiele zwischen Erwachsener-Kind-Teams ausgewählt werden.

Für Kinder ist es wenig schön, wenn sie beispielsweise bei einem dreijährigen Aufenthalt im Kindergarten dreimal ein gleich oder ähnlich gestaltetes St. Martins-, Weihnachts- und Sommerfest erleben. Interessanter ist es, wenn diese „klassischen" Feste nicht jedes Jahr durchgeführt werden, sondern mit anderen Feiern wechseln. Das können beispielsweise ein Frühjahrs- oder Herbst-, ein Erntedank-, ein Indianer-, ein Ritter-, ein Großeltern-Kind-, ein Wasser-, ein Märchen- oder ein Grillfest sein, aber auch ein türkisches oder russisches Fest (nicht nur bei einem hohen Anteil von türkischen oder russlanddeutschen Kindern) oder eine Feier zum Abschluss eines Projekts.

Aber auch „klassische" Feste wie das St. Martins-Fest und die Weihnachtsfeier lassen sich durch die Einbindung der Eltern immer wieder anders gestalten. Das Ziel ist, den Kindern vor Beginn der Weihnachtsferien eine erlebnisreiche Feier zu bieten, die von Eltern, Erzieherinnen, dritten Personen und natürlich den Kindern selbst gemeinsam gestaltet wird.

Wochenendfreizeiten

„Eltern-Kind-Wochenenden dienen dem Aufbau und der Förderung von Kontakten zwischen den Familien und können damit die Grundlage schaffen für das Entstehen eines Zusammengehörigkeitsgefühls nicht nur der Kinder, sondern auch ihrer Familien. Daneben dienen sie natürlich auch der Pflege des Kontakts zwischen den Pädagoginnen und den Eltern. Die Eltern bekommen Anregungen für die sinnvolle Gestaltung ihrer Freizeit und haben die Möglichkeit, in informellem Rahmen auch pädagogische Themen zu diskutieren" (Dusolt 2001, S. 58 f.). Oft entstehen Freundschaften zwischen Eltern, die zu Familienselbsthilfe führen können (z. B. Betreuung der anderen Kinder). Aufgrund der zwanglosen Atmosphäre werden häufig auch Familien erreicht, die andere Angebote nicht nutzen. Mit Wochenendfreizeiten kann somit die Elternzusammenarbeit intensiviert werden.

Wenn Erzieherinnen Eltern-Kind-Wochenenden nicht in ihrer Freizeit durchführen wollen, müssen sie die Zeitfrage mit dem Arbeitgeber regeln oder ein Honorar nehmen, das über Teilnehmergebühren oder Zuschüsse abgedeckt werden kann. Möglichst sollten nicht mehr als 10 Familien teilnehmen, da sonst die Gruppe zu unübersichtlich wird. Das Tagungshaus sollte nicht zu weit entfernt liegen und über mindestens zwei Gruppenräume verfügen. Der Arbeitsaufwand für die Erzieherinnen kann dadurch reduziert werden, dass die Eltern in die Planung und Organisation einbezogen werden und das Programm mitgestalten. Es sollte deutlich gemacht werden, dass während der Familienfreizeit die Aufsichtspflicht bei den Eltern liegt (außer wenn die eine Fachkraft ein Angebot für die Kinder macht, damit die andere in Ruhe mit den Eltern ein bestimmtes Thema diskutieren kann).

Hausbesuche

In Einzelfällen kommen Eltern nie in die Kindertageseinrichtung – z. B. weil Großeltern oder Nachbarn ihre Kinder bringen und abholen, weil sie in einem weiter entfernt liegenden Dorf wohnen („Buskinder"), kein Auto haben und mit öffentlichen Verkehrsmitteln nicht zu Elternveranstaltungen kommen können, weil sie alleinerziehend und vollerwerbstätig sind sowie an Elternabenden keine Kinderbetreuung organisieren bzw. finanzieren können oder weil sie aufgrund ihres Randgruppenstatus Angst vor der Institution „Kindertageseinrichtung" haben. In solchen Fällen bieten sich Hausbesuche an. Insbesondere sehr zurückhaltende Eltern oder Randgruppenangehörige sind in der gewohnten Umgebung ihres Heims offener und zugänglicher. Letztere sind aber auf die Verschwiegenheit der Erzieherinnen angewiesen, da sie nicht möchten, dass ihre sehr beschränkten Lebensverhältnisse bekannt werden.

Aber auch in anderen Fällen bzw. generell können Hausbesuche erfolgen. Nur sie ermöglichen einen Einblick in die Wohn- und Familienverhältnisse des jeweiligen Kindes und führen oft zu mehr Verständnis für sein Verhalten. Zudem wird es in der Interaktion mit seinen Eltern und Geschwistern erlebt – oft können nur bei dieser Gelegenheit Väter und Geschwister kennen gelernt werden. Hausbesuche intensivieren die persönliche Beziehung zwischen Erzieherin und Eltern. Die weitaus meisten Eltern – und alle Kinder – freuen sich über solche Besuche. Der zeitliche Rahmen sollte aber vorab festgelegt werden und die Erzieherinnen sollten betonen, dass keine „Bewirtung" erwartet wird.

Bei Hausbesuchen wird vor allem über die Lebenssituation des Kindes, seine Entwicklung und Erziehung gesprochen. Ferner werden die Eltern nach ihren Erziehungszielen und -einstellungen, eventuell auch nach der Freizeitgestaltung u. Ä. gefragt. Es können aber auch Probleme des Kindes oder Belastungen der Eltern der Gesprächsanlass sein. Jedoch sollte nicht der Eindruck entstehen, dass nur „Problemfälle" zu Hause aufgesucht werden. Die Fachkraft sollte sich genügend Zeit für das Kind nehmen, denn schließlich ist es auch „sein" Besuch. Wenn sie mit den Eltern über das Kind spricht, sollte dieses aber den Raum verlassen.

Mediale Elternarbeit

Um berufstätige und weiter entfernt lebende Eltern, die oftmals nur schwer erreichbar sind, über die Entwicklung ihrer Kinder zu informieren, können Kindern gelegentlich Notizen mit nach Hause gegeben werden. Diese enthalten z. B. Informationen über besondere Leistungen des jeweiligen Kindes, neue Entwicklungsschritte oder lustige Ereignisse. Auch können Fotos beigefügt werden. Alternativ kann ein Mitteilungsheftchen angelegt werden, dass das jeweilige Kind mit nach Hause nimmt und wieder zurückbringt, sodass auch die Eltern Botschaften an die Erzieherinnen oder Kommentare zu deren Bemerkungen eintragen können.

Entwicklungstagebuch

Erzieherinnen können für jedes Kind ein Tagebuch führen, in das immer wieder Notizen über besondere Aktivitäten, Leistungen des Kindes und Probleme eingetragen werden. Dies kann z. B. während des Mittagsschlafes der Kinder geschehen. Die Tagebücher können von den jeweiligen Eltern ausgeliehen werden. Ansonsten dienen sie als Grundlage für Termingespräche, da sie einen Überblick über den Entwicklungsverlauf des Kindes beinhalten. Sie können auch Teil eines Portfolios sein. Folgende Kriterien sind nach Viernickel und Völkel (2005, S. 17 f.) bei der Anlage eines Portfolios zu klären:

- Wo werden die Beobachtungen und Informationen gesammelt? (Aufbewahrungsort klären, z. B. in Form eines Ringordners);
- Wie soll das Portfolio aufgebaut werden? (z. B. Aufteilung mit Trennblättern nach Lebenshalbjahren);
- Wo werden die Portfolios der Kinder aufbewahrt? (gut zugänglich aber nicht öffentlich);
- Wer ist wann zuständig? (wer ordnet neue Inhalte ein?).

Das Portfolio über den Entwicklungsverlauf ist Ausdruck einer tatsächlichen Erziehungs- und Bildungspartnerschaft zwischen Erzieherinnen und Eltern

Elternbriefe

Elternbriefe ermöglichen es, alle Eltern zu erreichen, um sie z. B. über die pädagogische Arbeit der Kindertageseinrichtung oder über besondere Aktivitäten wie Projekte, Ausflüge oder Feste zu informieren. In diesem Medium können allgemeine Erziehungsfragen angeschnitten werden, mit denen sich Eltern beschäftigen (z. B. „Wie gehe ich mit einem trotzigen Kind um"). Ferner kann auf aktuelle Ereignisse (z. B. Krieg in ...) eingegangen werden, bei denen unklar ist, wie Kinder auf sie reagieren oder inwieweit sie Verarbeitungshilfen benötigen. Die Erzieherinnen können Aktivitäten vorgeschlagen, die die Eltern mit ihren Kindern zu Hause durchführen und damit die pädagogische Arbeit der Kindertageseinrichtung ergänzen können (z. B. Vorlesen bestimmter Bücher, Besuch im Museum). Schließlich kann durch Anekdoten, kurze Erlebnisberichte u. Ä. Zugang zu den Gedanken und Gefühlen von (Klein-)Kindern eröffnet werden.

Natürlich dürfen in den Elternbriefen auch Ankündigungen von Veranstaltungen und andere Hinweise nicht fehlen. Alle Beiträge sollten gut verständlich und in Schriftdeutsch verfasst sein (wobei aber z. B. Aussagen der Kinder durchaus in Mundart abgedruckt werden können). Die Eltern können in die Erstellung der Elternbriefe eingebunden werden, also selbst Beiträge verfassen oder Layout und Druck übernehmen, und sich auf diese Weise mit „ihrem" Produkt identifizieren.

Elternbefragungen

Elternbefragungen ermitteln den Betreuungsbedarf bei Kindern und die Interessenslage der Eltern. In schriftlicher Form kann z. B. nach der Einschätzung der pädagogischen Arbeit gefragt werden, aber auch Öffnungszeiten, allgemeine Wünsche und Verbesserungsvorschläge können so bei den Eltern abgefragt werden. Der Fragebogen kann den Eltern mit einem Begleitschreiben beim Bringen und Abholen persönlich überreicht werden.

Die Elternbefragung hilft dem pädagogischen Team, ein umfassenderes Verständnis der Beziehungen zwischen Eltern und Erzieherinnen zu ermitteln. Sie spiegelt die Wünsche und Bedürfnisse der Eltern und ermöglicht die Verbesserung der pädagogischen Arbeit auf dem Weg zu einer familienfreundlichen Kindertageseinrichtung. Eltern wünschten sich z. B. laut einer Studie von Klein (1998) eine Babysitter-Vermittlung, mehr themenbezogene Gesprächsrunden, flexiblere Öffnungszeiten, selbstorganisierte Eltern- und Familienbegegnung. Die Ergebnisse der Elternbefragung können mit den Eltern gemeinsam ausgewertet werden, wobei die Zusammenfassung in vier Bereiche aufgeteilt werden kann: 1. Gesamtbewertung; 2. Anregungen, Fragen, Angebote von Eltern; 3. Veränderungswünsche von Eltern; 4. Konsequenzen aus der Elternbefragung.

Wochenpläne und -berichte

Einen guten Einblick in die pädagogische Arbeit der Kindertageseinrichtung kann dadurch vermittelt werden, dass Wochenpläne vor den Gruppenräumen ausgehängt werden. Insbesondere beim Arbeiten nach dem Situationsansatz werden Wochenpläne aber oftmals nicht „erfüllt", da Situationen aufgetreten sind, die andere Aktivitäten sinnvoller machten. Hier bietet sich als Alternative an, Tages- oder Wochenberichte auszuhängen. Dies sind gute Möglichkeiten, die Arbeit der Einrichtung transparent zu machen. Auf diese Weise werden zudem Tür-und-Angel-Gespräche angeregt.

Fotowand/Ausstellungen/Videoaufnahmen

Einen Einblick in den Kita-Alltag bietet eine Fotowand, wenn die Bilder einen Eindruck von den pädagogischen Aktivitäten und Projekten vermitteln. Sie sollten häufig ausgetauscht werden, damit das Interesse der Eltern erhalten bleibt.

Wurde z. B. ein umfassendes Jahres- oder Monatsthema oder ein längerfristiges Projekt abgeschlossen, können die Ergebnisse im Rahmen einer Ausstellung von Bildern und Bastelarbeiten der Kinder sowie von Fotos und kurzen Texten der Erzieherinnen präsentiert werden. Der Verlauf von Aktivitäten kann auch sehr gut durch Videoaufnahmen verdeutlicht werden.

Schwarzes Brett

Jahrespläne, Einladungen zu Veranstaltungen, Hinweise auf mitzubringende Gegenstände, Bitten um die „Spende" bestimmter Materialien u. Ä. können am „schwarzen Brett" der Kindertageseinrichtung angebracht werden, das im Eingangsbereich oder bei der Elternsitzecke (sofern alle Eltern dort beim Bringen und Abholen der Kinder vorbeikommen) einen guten Platz hat. Ein Teil des „schwarzen Bretts" oder eine separate Pinnwand kann auch von den Eltern bzw. dem Elternbeirat gestaltet werden. Ferner bietet es sich an, hier Zeitungsartikel, Hinweise auf Bücher und Broschüren, Veranstaltungstermine, Listen von Beratungsstellen und psychosozialen Diensten u. a. auszuhängen – also Informationen, die für (manche) Eltern interessant sind, aber nicht direkt die Arbeit der Einrichtung betreffen. Nicht unterschätzt werden sollte die familienunterstützende Funktion von Aushängen über familienpolitische (finanzielle) Leistungen oder von Beratungsangeboten. Eltern in besonderen Lebenslagen können sich dann ungestört – und ohne Fragen stellen zu müssen – informieren.

Homepage

Immer mehr Kindertageseinrichtungen präsentieren sich nach außen hin mit einer eigenen Homepage. Eltern, die nach einem Kita-Platz suchen, finden hier wichtige Informationen wie z. B. die pädagogische Konzeption, die Öffnungszeiten oder die Elternbeiträge. Eine Homepage kann aber auch zur Kommunikation mit den Eltern der angemeldeten Kinder genutzt werden. So können hier aktuelle Informationen (auch seitens des Elternbeirats), Hinweise auf Elternveranstaltungen, Kurzberichte über deren Verlauf u. v. a. m. eingestellt werden. Auf diese Weise werden z. B. Eltern erreicht, die nicht zu den Terminen kommen konnten. Diese Funktion wird aber noch besser durch Newsletter erfüllt, die allen Eltern mit E-Mail-Adresse zugeschickt werden (viel billiger und weniger arbeitsaufwendig als das Erstellen von Elternbriefen).

Die Elternbibliothek

In eine Elternbibliothek können Erziehungsratgeber, Elternzeitschriften, Bücher über Spiele und andere Aktivitäten mit Kleinkindern, Bastelanleitungen und Beratungsführer zur Ansicht oder Ausleihe eingestellt werden. Auch einige Bücher, in denen allgemein über die Arbeit von Kindertageseinrichtungen informiert wird, sollten vorhanden sein, und natürlich der Bildungsplan des jeweiligen Bundeslandes und einige Exemplare der Konzeption. Ferner sollten in dieser Bibliothek Bilder- und Kinderbücher, Musikkassetten und Spiele auszuleihen sein.

Durch die Auswahl pädagogisch wertvoller Materialien und das Einstellen guter Elternratgeber kann indirekt Einfluss auf die Familienerziehung ausgeübt werden. Eltern und andere Personen können um (Buch-)Spenden für die Bibliothek gebeten werden. In der Einrichtung

kann eine Liste oder ein Plakat mit Kurzbeschreibungen von Medien ausgehängt werden, die die Erzieherinnen gerne für die Bücherei anschaffen
möchten. Die Eltern haben dann die Möglichkeit, eine dieser Bitten zu
erfüllen und das Buch, die Kassette oder das Spiel – eventuell mit einer
Widmung versehen – der Einrichtung zu schenken. Natürlich kann
auch eine Ausleihgebühr verlangt werden und aus diesen Mitteln der Be-
stand ergänzt werden. Die Ausleihe selbst sollte einmal pro Woche während der Bring- und Abholzeit erfolgen und von den Eltern selbst bzw.
dem Elternbeirat organisiert werden.

Ansonsten kann in der Elternbibliothek, aber auch z. B. bei der Elternsitzecke, eine „Artikelbox" aufgestellt werden. Dies kann ein Gestell mit
Hängemappen sein, in die Kopien von Zeitschriftartikeln über (Klein-
kind-)Erziehung, Familienleben, Beschäftigungen mit Kindern usw.
(nach Themenbereichen geordnet) eingelegt werden. Die Eltern können
die Artikel vor Ort überfliegen, ausleihen oder bei großem Interesse behalten (für den letzten Fall sollten immer mehrere Kopien gemacht werden). Auch auf diese Weise kann Einfluss auf die Familienerziehung ausgeübt werden.

Anzumerken ist noch, dass die Materialien in der „Artikelbox" – wie
auch Anschläge am „schwarzen Brett" oder ausgelegte Broschüren – immer wieder ausgetauscht, ergänzt und aktualisiert werden müssen. Nur
so bleibt das Interesse auf Seiten der Eltern erhalten, nur so werden sie
immer wieder nach etwas Neuem Ausschau halten.

Angebote für besondere Zielgruppen

Gibt es in einer (großen) Kindertageseinrichtung z. B. viele Alleinerziehende, Migrantenfamilien oder Arbeitslose, ist es oftmals sinnvoll, für
sie (gruppenübergreifend) besondere Angebote zu machen. Beispielsweise können in Gesprächskreisen der Erfahrungsaustausch und die
wechselseitige Unterstützung Betroffener gefördert werden. Häufig sind
auch eher informative Einzelveranstaltungen angebracht, z. B. seitens
der Frauenbeauftragten der Kommune, des Ausländeramtes, des Allgemeinen Sozialdienstes oder einer Beratungsstelle. Vereinzelt lassen
sich sogar Sprachkurse für Migranteneltern in der Kindertageseinrichtung organisieren, die z. B. von Referent/innen der Volkshochschule
durchgeführt und von dieser finanziert werden. Nehmen nur Frauen

teil, ist dies oft die einzige Möglichkeit für Mütter aus streng islamischen Familien, systematisch die deutsche Sprache zu erlernen.

Familienselbsthilfe kann seitens der Kindertageseinrichtung erleichtert werden, indem beispielsweise den Eltern erlaubt wird, am „schwarzen Brett" Hinweise auf ihre Babysitterdienste oder Angebote von „Second-Hand-Kleidung", gebrauchtem Spielzeug oder anderen Gegenständen anzubringen. Auch Flohmärkte und Basare können eine gewisse Entlastung bieten. Aufgrund des anderen soziokulturellen Hintergrunds und häufiger Sprachprobleme von zugewanderten Eltern ist es für Erzieherinnen eine besondere Herausforderung, mit ihnen eine Erziehungs- und Bildungspartnerschaft einzugehen (siehe hierzu z. B. Schlösser 2004 oder Textor 2005). Eine weitere große Herausforderung ist die Einbeziehung von Vätern – in den meisten Kindertageseinrichtungen ist Elternarbeit weiterhin in erster Linie Mütterarbeit. In diesem Buch wird immer wieder für eine Einbeziehung der Väter in Anmelde-, Entwicklungs- und Beratungsgespräche sowie in andere Aktivitäten plädiert. Aber auch besondere Angebote nur für Väter sind sinnvoll (siehe hierzu Textor 2005 und Verlinden/Külbel 2005).

Elternmitwirkung

Laut den Kita-Gesetzen der Bundesländer muss es in jeder Kindertagesstätte ein Gremium geben, das die Rechte der Eltern vertritt. Es wird in der Regel zu Beginn des Kindergartenjahres von der Elternschaft gewählt. Dieses z. B. als „Elternbeirat" bezeichnete Gremium hat aber keine echten Mitbestimmungsrechte, da dies als unvereinbar mit dem Selbstverwaltungsrecht der Träger und der pädagogischen Verantwortung der Erzieherinnen gilt. Nach Hense (2002) liegen seine Funktionen vor allem in folgenden Bereichen:

- „Recht auf Information in wichtigen Fragen der Erziehung und Bildung
- Recht auf Beratung über pädagogische Programme und Konzepte
- Förderung der Zusammenarbeit zwischen Eltern, Träger und Fachkräften
- Beratung über Angebote für die Elternbildung

■ Mitwirkung bei der Aufstellung von Grundsätzen für die Aufnahme von Kindern

■ Unterstützung des Trägers in organisatorischen, baulichen und personellen Angelegenheiten

■ Anhörungsrecht bei der Festlegung der Öffnungszeiten ..." (S. 30). Aber auch solche Informations- und Anhörungsrechte bieten große Chancen für eine Erziehungs- und Bildungspartnerschaft. Elternvertreter/innen sind zumeist recht engagierte Personen, die für Erzieherinnen Kooperationspartner, Verbündete, Wegbegleiter und Kritiker (im positiven Sinne) sein können. Sie können durchaus z. B. bei der Konzeptionsentwicklung bzw. -fortschreibung und bei der Jahresplanung eingebunden werden. Ferner beteiligen sie sich zumeist an der Planung und Durchführung von Festen und anderen größeren Veranstaltungen (entlastende Funktion). Gelegentlich können sie auch bei Konflikten zwischen einzelnen Eltern und Erzieherinnen vermitteln oder Wünschen des Teams an den Träger Nachdruck verleihen. Von ihnen erfahren die Fachkräfte schneller und verlässlicher als z. B. durch Befragungen, inwieweit die Elternschaft mit dem pädagogischen Angebot und der Elternarbeit zufrieden ist oder was noch verbessert werden könnte ...

Fazit

Dieses Kapitel sollte keinesfalls als ein Leitfaden verstanden werden, wie die Elternarbeit im Verlauf eines Kindergartenjahres gestaltet werden soll. Vielmehr sollten möglichst viele Formen der Erziehungs- und Bildungspartnerschaft vorgestellt werden – und es ist selbstverständlich für die einzelne Tageseinrichtung weder sinnvoll noch möglich, ein so vielfältiges Angebot zu gewährleisten: Sie muss aus der Vielzahl der Möglichkeiten diejenigen auswählen, die dem Bedarf der Eltern, den Vorgaben des jeweiligen Bildungsplans und den pädagogischen Zielen am besten entsprechen. Zumeist muss das Angebot nicht quantitativ ausgeweitet werden, sollte aber überprüft, ergänzt und eventuell qualitativ verbessert werden. Durch ein „abwechslungsreicheres" Programm können oftmals mehr Eltern erreicht und ihren Bedürfnissen besser entsprochen werden. Zugleich wird die Arbeit der Erzieherinnen interessanter und kreativer, wird ihre Kooperation mit den Eltern intensiver.

Literatur

Bernitzke, F./Schlegel, P.: Das Handbuch der Elternarbeit. Troisdorf: Bildungsverlag EINS 2004

Dusolt, H.: Elternarbeit. Ein Leitfaden für den Vor- und Grundschulbereich. Weinheim, Basel: Beltz 2001

Gerstacker, R.: Ich kann mein Kind nicht verstehen. Gesprächsrunden mit Eltern. Welt des Kindes 2000, 78 (1), S. 10–13

Haug-Schnabel, G./Bensel J.: Grundlagen der Entwicklungspsychologie. Die ersten 10 Lebensjahre. Freiburg: Herder 2005

Hense, M.: In Elternmitwirkung zu investieren zahlt sich aus. Eltern die Wahrnehmung ihrer Rechte ermöglichen. Theorie und Praxis der Sozialpädagogik 2002, Heft 4, S. 28–31

Schlösser, E.: Zusammenarbeit mit Eltern – interkulturell. Informationen und Methoden zur Kooperation mit deutschen und zugewanderten Eltern in Kindergarten, Grundschule und Familienbildung. Münster: Ökotopia Verlag 2004

Textor, M.R.: Elternarbeit im Kindergarten. Ziele, Formen, Methoden. Norderstedt: BoD 2005

Tietze, W./Roßbach, H.-G.: Familie und familienergänzende Infrastruktur für Kinder im Vorschulalter. In: Vaskovics, L.A./Lipinski, H. (Hrsg.): Familiale Lebenswelten und Bildungsarbeit. Interdisziplinäre Bestandsaufnahme 1. Opladen: Leske + Budrich 1996, S. 227–266

Verlinden, M./Külbel, A.: Väter im Kindergarten. Anregungen für die Zusammenarbeit mit Vätern in Tageseinrichtungen für Kinder. Weinheim, Basel: Beltz 2005

Viernickel S./Völkel P.: Beobachten und dokumentieren im pädagogischen Alltag. Freiburg: Herder 2005

Brigitte Blank

Die Zusammenarbeit mit Eltern planen – Bedarf und Bedürfnissen Gehör verschaffen

Die Zusammenarbeit mit den Eltern hat sich als ein selbstverständlicher Bereich der Arbeit in einer Kindertageseinrichtung etabliert. So geht die moderne Kindertagesstätte davon aus, dass sowohl Eltern als auch Kinder Adressaten ihrer alltäglichen Bemühungen sind. Während früher nur das Kind in den Blick genommen wurde, ist man sich seit Jahren darüber einig, dass die Belange der gesamten Familien gesehen werden müssen. Die Kindertageseinrichtung ist zu einem Treffpunkt für Familien geworden, an dem der Bedarf und die Bedürfnisse der Familien Gehör finden.

Diese Kooperation zwischen Familie und Kindertagesstätte muss sowohl inhaltlich als auch zeitlich und strukturell geplant werden, um qualitativen Ansprüchen genügen zu können. Sie sollte nicht dem Zufall und der Beliebigkeit überlassen werden. Im Vordergrund der Zusammenarbeit mit den Eltern stehen:

■ die Gestaltung des Angebotes der Kindertagesstätte entsprechend dem Bedarf der Familien,
■ die Kooperation mit den Eltern in der gemeinsamen Verantwortung für das Kind,
■ die Transparenz der pädagogischen Arbeit für Eltern,
■ die Schaffung von Begegnungsmöglichkeiten für Familien,
■ die Kooperation und Vernetzung im Ort oder Stadtteil.

In den Erziehungs- und Bildungsplänen bzw. Vereinbarungen der Bundesländer ist die Notwendigkeit der Kooperation mit den Eltern ausdrücklich vorgeschrieben worden. In den Konzeptionen der Einrichtungen findet sich die dem Profil und der örtlichen Situation entsprechende individuelle Ausprägung der Zusammenarbeit zwischen Eltern und Erzieherinnen wieder.

Die Qualität dieser Zusammenarbeit im Alltag hängt davon ab, wie sehr sich die Erzieherinnen ihrer eigenen Einstellung und Haltung zu den Eltern in diesem grundlegenden Prozess bewusst geworden sind. Partnerschaft kann nämlich nur da gelingen, wo sie auf gleicher Ebene stattfindet. Deshalb sind eine grundsätzliche gegenseitige Akzeptanz zwischen Eltern und Erzieherinnen und regelmäßiger Kontakt ausschlaggebend, um sich auf den Weg zur angestrebten Partnerschaft zu machen. Eltern sind die wichtigsten Bezugspersonen der Kinder. Entsprechend müssen vor allem in der Zeit des Übergangs von der Familie in die Kindertagesstätte Gelegenheiten geschaffen werden, in denen Transparenz ermöglicht und (gegenseitiges) Vertrauen aufgebaut werden kann. Dies ist bei der Planung zu berücksichtigen.

Gemeinsame Planung

Entsprechend den gesetzlichen Vorgaben (§ 22a Abs. 2 SGB VIII) sind die Eltern an wichtigen Entscheidungen in der Kindertagesstätte zu beteiligen. Diese Beteiligung hat in der Praxis sehr unterschiedliche Formen und Ausprägungen. Eine Einrichtung, in der es eine Selbstverständlichkeit ist, den Dialog im Team zu pflegen sowie die pädagogische Arbeit mit den Kindern gemeinsam zu planen und an deren Interessen und Bedürfnissen auszurichten, wird diese Grundhaltung auch auf die Kooperation mit den Eltern übertragen. Den Eltern wird die pädagogische Arbeit mit den Kindern transparent gemacht, sie werden in den Alltag und in Projekte als Fachleute einbezogen und an der Planung der Zusammenarbeit zwischen den Familien und der Tageseinrichtung beteiligt.

Aber auch das Trägerprofil wird in der Ausprägung und Schwerpunktsetzung der Elternarbeit wieder zu finden sein. Während z. B. bei einem kirchlichen Träger die gemeinsame Gestaltung des kirchlichen Jahreskreises im Vordergrund steht, wird möglicherweise bei einer Elterninitiative die Mitarbeit im pädagogischen Alltag für die Eltern eine Selbstverständlichkeit sein.

Die konkrete Planung der Elternarbeit sollte sich daher am Einrichtungsprofil orientieren und vom Träger und von dem Gesamtteam mitgetragen werden. Bei welchem der anfallenden Planungsschritte die Eltern einbezogen werden, muss jedes Team selbst entscheiden und ist von der konkreten Situation in der Kindertageseinrichtung abhängig. In Zusammenarbeit mit den Eltern erfolgt die Jahresplanung der einzelnen Aktivitäten, Begegnungen und Gesprächsanlässe, die durch einen „roten Faden" verbunden sein sollten. Gleichzeitig ist es sinnvoll, auch Raum und Zeit zu spontanen, situationsorientierten Aktivitäten zu lassen.

Eine gemeinsame Planung mit den Eltern bringt verschiedene Vorteile für Eltern und Kindergarten mit sich:

- Fehlplanungen werden vermieden oder zumindest verringert, da das Ausmaß und die Inhalte von Veranstaltungen und Angeboten gemeinsam festgelegt werden.

- Durch die Planung werden die Möglichkeiten und Grenzen der Zusammenarbeit mit den Eltern sowie die verschiedenen Zielperspektiven für die Beteiligten sichtbar.

- Die Anliegen der Eltern werden durch das mitplanende Elterngremium vertreten.

Grundlage dieser gemeinsamen Planung sollte in jedem Fall eine genaue Situationsanalyse sein.

In der Praxis haben sich folgende Fragen zur Erarbeitung einer zielorientierten Planung bewährt:

(1) Wo stehen wir?
    (Situations- und Bedarfsanalyse)
(2) Wo wollen wir hin?
    (Zielbestimmung, einschließlich Begründung der Ziele)
(3) Welche Wege gibt es dorthin?
    (Ideensammlung zu Formen der Elternarbeit)
(4) Welche Formen und Methoden wählen wir aus?
    (Festlegung unter Berücksichtigung der Rahmenbedingungen)
(5) Wann und wie setzen wir die ausgewählten Formen um?
    (Jahresplanung, kurzfristige Planung, Durchführung)
(6) Sind wir auf dem richtigen Weg?
    (Zielkontrolle)

Je nach Situation der Einrichtung sollte oder kann mit den genannten Fragen zu verschiedenen Zeitpunkten im „Kindergartenjahr" und/oder an Themen bzw. Projekten orientiert geplant werden.

zu 1. Wo stehen wir?

Daten über die Familien und ihre Bedürfnisse werden erarbeitet und bewusst gemacht. Sie sind aus der Bedarfserhebung, aus Gesprächen und Beobachtungen bekannt. Bei der Situationsanalyse spielen sowohl die momentane Situation des Teams und des Trägers als auch die Realität der Familien vor Ort eine Rolle.

■ *Familien:* Bedürfnisse, Familienformen und -strukturen, Berufe, Erwerbstätigkeit der Frauen, Freizeitverhalten, Wohnsituation, Verkehrsanbindung ...
■ *Team:* Situation und Bedürfnisse der Mitarbeiterinnen, Zusammenarbeit im Team, zeitlicher Rahmen ...
■ *Träger:* Wünsche des Trägers, Kooperation zwischen Team und Träger

zu 2. Wo wollen wir hin?

Die unter Punkt 1 gesammelten Informationen sind die Basis für die Erarbeitung der Ziele der Zusammenarbeit mit den Eltern. Ein methodisches Vorgehen zur Vermeidung von langen Diskussionen ist hier zu empfehlen.

Folgende Methode kann angewendet werden: Jede Mitarbeiterin erhält drei Kärtchen. Auf das erste Kärtchen schreibt sie ein bis drei Ziele (je nach Größe des Teams und Ausführlichkeit der Planung), die ihr in der Zusammenarbeit mit den Eltern, bezogen auf die gesamte Kindertageseinrichtung, am wichtigsten sind. Auf das zweite bzw. dritte Kärtchen werden in der gleichen Weise Ziele für die Zusammenarbeit mit den Eltern in der Gruppe und für die Zusammenarbeit mit einzelnen Eltern notiert. Die Karten werden in drei Stapeln eingesammelt und von der Gesprächsleitung unter die entsprechenden Rubriken an ein Plakat bzw. eine Wandtafel geklebt. Dabei ergeben sich meist einige Zielschwerpunkte, die dann noch ergänzt, bewertet, begründet und diskutiert werden.

Auf gleiche Weise können der Träger und die Eltern die Ziele für die Zusammenarbeit mit der Kindertageseinrichtung aus ihrer Sicht aufschreiben. Durch die gemeinsame Diskussion werden die wichtigsten gemeinsamen Ziele – aber auch Differenzen – herausgearbeitet und dienen der weiteren Planung.

zu 3. Welche Wege gibt es?

Bei diesem Planungsschritt ist die Frage nach den Methoden zu stellen, die geeignet sind, die gewonnenen Erkenntnisse umzusetzen. Hier eignet sich ein „Blitzlicht" zur Ideensammlung. Es können aber auch wie oben die Ideen auf Kärtchen geschrieben werden. Waren die Eltern bei der Zieldiskussion noch nicht in die Planung einbezogen, so sollte dies spätestens bei diesem Planungsschritt erfolgen.

zu 4. Welche Formen und Methoden wählen wir aus?

Nun kann die Auswahl der Formen und Methoden erfolgen. Dabei ist es wichtig, dass sowohl Angebote für die gesamte Kindertageseinrichtung als auch für die Gruppe und einzelne Eltern ausgewählt werden. Hier ist eine kritische Auseinandersetzung mit tradierten Veranstaltungen und Gewohnheiten angebracht: Müssen immer dieselben (Sommer-)Feste veranstaltet werden? Gibt es Möglichkeiten der Kooperation mit anderen Einrichtungen und Vereinen vor Ort? Stellen manche der üblichen Angebote einzelne Familien vor Probleme (z. B. Mutter- oder Vatertagsfeiern, teuere Ausflüge oder Kurse)?

Die Aufgabe der Erzieherinnen ist es an dieser Stelle, den für die Qualität der pädagogischen Arbeit notwendigen Formen der Kooperation (wie Aufnahme- oder Entwicklungsgespräche und Hospitationen der Eltern) genügend Stellenwert einzuräumen.

zu 5. Wann und wie setzen wir die ausgewählten Formen um?

Das zeitliche Budget von Erzieherinnen und Eltern wird immer knapper. Deshalb sollten bei der zeitlichen Planung auch Kriterien wie Arbeitsaufwand, Übereinstimmung mit den sonstigen Zielen und erwartete Wirkung Beachtung finden sowie Ballungen von Aktivitäten vermieden werden. Außerdem sollten auch hier wieder die Erkenntnisse aus der Situations- und Bedarfsanalyse beachtet werden. Bei der Jahresplanung sind zeitliche Ressourcen vor allem für das gezielte Elterngespräch sicherzustellen.

zu 6. Sind wir auf dem richtigen Weg?

Eine Überprüfung der Akzeptanz der Angebote für und mit Eltern ist für die weitere Planung immer wieder notwendig. Hier stehen Methoden wie z. B. Elternbefragung, Stimmungsbarometer und Leitfaden orientierte

Einzelgespräche/Interviews zur Verfügung. Der Weiterentwicklungsprozess und damit die Qualität der Kooperation sollten aber auch durch gezielte Selbstreflexion unterstützt werden.

Schriftliche Elternbefragungen können zu verschiedenen Zeitpunkten des Planungsprozesses sinnvoll sein. So können sie zur Bedarfserhebung eingesetzt werden, der Erfassung der Wünsche hinsichtlich bestimmter Formen der Elternarbeit und günstiger Zeiten für Veranstaltungen dienen oder zur Ermittlung der Zufriedenheit der Eltern mit den Angeboten und ihrer Verbesserungsvorschläge (Qualitätsmanagement) verwendet werden. Die Fragen sollten immer kurz, klar und konkret formuliert werden. Wenn Antwortmöglichkeiten vorgegeben werden, lassen sich Fragebögen relativ schnell auswerten. Eltern haben selbstverständlich ein Recht darauf, dass sie die Umfrageergebnisse erfahren. Hierbei sollte zwischen objektiven Ergebnissen und subjektiver Interpretation durch die Fachkräfte unterschieden werden.

Kooperation mit Eltern im Jahresverlauf

Die Anforderungen an die Erzieherinnen sind gestiegen. Zum einen müssen sie sich mit neuen Inhalten und Zielen der Bildungsarbeit, die in den Bildungsplänen der Länder Eingang gefunden haben, auseinander setzen; zum anderen verlangen die erweiterte Altersmischung und flexiblere Öffnungszeiten eine pädagogische Neuorientierung und eine Veränderung von gewohnten Abläufen im Alltag einer Kindertageseinrichtung.

Die durch die erweiterte Altersmischung ermöglichte Aufnahme von Kindern unter drei Jahren in den Kindergarten auf der einen Seite und die vorgezogene Einschulung auf der anderen Seite verlangen spezielle Kooperationsformen mit den Eltern dieser beiden Altersgruppen, um deren Bedürfnissen und grundlegenden wissenschaftlichen Erkenntnissen über Bindungen und Transitionen zu entsprechen. So können die oben genannten Fragen auch speziell für die Planung der Kooperation mit diesen Zielgruppen verwendet werden.

In der Praxis hat sich gezeigt, dass es sinnvoll ist, den Beginn des nächsten Kindergartenjahres schon im Sommer zu planen und die entsprechenden Angebote für Eltern aufeinander abzustimmen. Die Situations- und Bedarfsanalyse beschäftigt sich dann mit den Fragen:

- Kommen im Herbst viele neue Kinder auf uns zu?
- Wie ist deren Altersspektrum?
- Was verändert sich im Team?
- Wie sind bisher die Aufnahme und Eingewöhnung der Kinder verlaufen?

Hier können z. B. die Eltern der Kinder, die im Vorjahr neu in die Kindertagesstätte gekommen sind, in die Planung einbezogen werden, indem sie befragt werden, was sie positiv empfunden und was sie vermisst haben. Eventuell sind auch Eltern bereit, ihre Erfahrungen an einem Informationsabend für die neuen Eltern weiterzugeben.

Wenn man bedenkt, welch großen Einfluss die ersten Kontakte auf das Gelingen der weiteren Beziehung haben, wird klar, dass diese Zeit einer sorgfältigen Planung bedarf. Es ist nicht nur ein „sanfter" Übergang in die Kindertageseinrichtung sicherzustellen, sondern auch durch eine große gegenseitige Transparenz eine Vertrauensbasis zu schaffen. Gelingt dies, wird der weitere Dialog zwischen Kindertageseinrichtung und Familie positiv beeinflusst.

Loris Malaguzzi, der Begründer der Reggio-Pädagogik, meint hierzu treffend: „Ihr könnt nicht entweder bei den Eltern oder bei den Kindern anfangen, ihr müsst anfangen sowohl bei den Eltern als auch bei den Kindern" (zitiert nach Sommer 1999, S. 63).

Im Rahmen der Planung muss im Jahresverlauf auch viel Zeit für die Begleitung von weiteren Transitionen bereitgestellt werden. Entsprechender Sorgfalt in der Planung und Gestaltung bedarf vor allem der Übergang in die Schule, wobei Lehrkräfte und eventuell auch Mitarbeiter/innen von Frühförderstellen, Gesundheitsämtern etc. einbezogen werden sollten. Hier sind neben gruppenbezogenen Informationsveranstaltungen individuelle Entwicklungsgespräche mit den Eltern – nach Möglichkeit zusammen mit kooperierenden Lehrkräften – einzuplanen.

Den Kindertageseinrichtungen, die bisher nur traditionelle Formen der Elternarbeit angeboten haben, werden manche „neuen" Formen zunächst als zu aufwendig erscheinen. Hier ist ein Paradigmenwechsel hin zur Familie notwendig, um heutige und zukünftige Entwicklungen hin zur Kindertagesstätte als „Zentrum für Familien" mitgehen zu können. Die Zusammenarbeit mit den Eltern hat sich vor allem in den letzten Jahren von Angeboten für Eltern, „Elternarbeit", hin zu einem Dialog mit Eltern und zu deren Begleitung gewandelt. Dieser Weg wird in den

Konzepten für Familienzentren konsequent weitergegangen. Entsprechende Zielperspektiven sind in die konkreten Planungen vor Ort einzubeziehen und vor allem nicht aus den Augen zu verlieren. Hier ist aber auch zu fragen, ob seitens des Gesetzgebers, der finanzierenden Stellen und der Träger genügend Zeit für die wichtigen Aufgaben von Erzieherinnen im Rahmen der Erziehungs- und Bildungspartnerschaft vorgesehen ist.

Literatur

Sommer, B.: Kinder mit erhobenem Kopf. Kindergärten und Krippen in Reggio Emilia/Italien. Neuwied: Luchterhand 1999

Martin R. Textor

Kompetenzen nutzen – Eltern in die pädagogische Arbeit einbinden

Die pädagogische Arbeit in den Gruppen der Kindertageseinrichtung bietet viele Chancen, Eltern einzubinden. Zunächst können sie durch Hospitationen die Abläufe in den Kindergruppen kennen lernen: Nach Voranmeldung nimmt eine Mutter oder ein Vater am Kita-Alltag teil, und zwar nicht als Beobachtende/r, sondern als Mitwirkende/r – der Elternteil spielt mit den Kindern in der Freispielzeit, macht bei Aktivitäten mit, beteiligt sich an Gesprächen. Viele Eltern reizt dieses Angebot, weil sie auf diese Weise „hautnah" den Kita-Alltag miterleben können. So sind manche durchaus bereit, hierfür einen (halben) Tag Urlaub oder Zeitausgleich zu nehmen.

Mancherorts werden auch Eltern-Kind-Tage durchgeführt: An dem jeweiligen Tag sind alle Eltern eingeladen, mit den Kindern in der Tageseinrichtung bestimmte Aktivitäten durchzuführen (z. B. Bau von Weidentipis, Anlegen einer Kräuterschnecke). Häufiger sind Spiel- bzw. Bastelnachmittage, durch die Eltern ebenfalls einen Einblick in die pädagogische Arbeit gewinnen. Aber auch die Kindergruppe kann an Eltern herantreten, um sie zu einzelnen Aktivitäten in die Kindertageseinrichtung einzuladen (z. B. als fachkundige Gesprächspartner bzw. Begleiter bei Exkursionen).

Mithilfe bei pädagogischen Angeboten

Insbesondere wenn Eltern den Kita-Alltag bereits kennen gelernt haben und daran interessiert sind, häufiger in die Einrichtung zu kommen, können sie bei „ganz normalen" Aktivitäten der Kindergruppe bewusst eingebunden werden. In der folgenden Tabelle finden sich einige Beispiele (vgl. DiNatale 2002), die hier nur stellvertretend für eine Vielzahl weiterer Möglichkeiten stehen.

Möglichkeiten der Beteiligung von Eltern

Malen	in der Malecke Kindern assistieren benötigte, von den Kindern aber nicht erreichbare Utensilien holen mit Kindern über ihre Kunstwerke sprechen den Namen der Kinder unter die Bilder schreiben
Basteln/Werken	Helfen beim Umgang mit Scheren und Klebstoff mit Kindern Perlen aufreihen, Papier falten usw. Unterstützen von Kindern im Umgang mit Werkzeug Aufpassen, dass Kinder sich nicht verletzen Herstellen von Requisiten für das Puppentheater
Musik	Singen/Einüben von Liedern interessierten Kindern ein Musikinstrument vorstellen mit Kindern tanzen zu Hause Kassetten mit Musik bespielen
Spiele	mit Kindern Bauwerke erstellen; aufpassen, dass nicht die Bauten anderer Kinder umgestoßen werden Beteiligung an Tischspielen, falls von den Kindern gewünscht zu Hause Puppen oder Spielsachen herstellen
Rollenspiel	Beteiligung an Rollenspielen neue Rollen und Themen einführen mit Kindern den Rollenspielbereich auf ein bestimmtes Thema bezogen ausstatten zu Hause Kleidung für den Rollenspielbereich nähen
Medienerziehung	Kindern ein Bilderbuch vorstellen mit Kindern über ihre Lieblingsbücher sprechen Märchen und Geschichten erzählen/vorlesen Kindern am Computer assistieren zu Hause Kassetten mit selbst vorgelesenen Geschichten bespielen
Naturwissenschaften	mit einigen Kindern experimentieren oder bei Experimenten assistieren Kinder auf Naturphänomene aufmerksam machen, mit ihnen über Tiere, Insekten und Pflanzen sprechen Kinder vor Störungen durch andere schützen, wenn sie sich z. B. alleine mit Montessori-Material beschäftigen
Mathematik	Anleiten von Kindern beim Zählen, Sortieren und Vergleichen von Objekten Eigenschaften wie größer – kleiner, schwerer – leichter miteinander in Beziehung setzen

Sprache	mit einzelnen Kindern/Kleingruppen längere Gespräche führen neue Begriffe einbringen mit Kindern über die Bedeutung von Wörtern sprechen Kindern eine Fremdsprache vorstellen Fingerspiele, Gedichte oder Reime einführen
Freispiel (draußen)	den Kindern beim Anziehen von Mänteln, Schuhen usw. helfen mit Kindern Fangen oder Verstecken spielen, ihnen einen Ball zuwerfen usw. mit Kindern im Sandkasten spielen
Mahlzeiten	den Kindern beim Decken und Abdecken des Tisches helfen mit Kindern kochen (auch ausländische Gerichte) und backen Herrichten eines gesunden Frühstücksbuffets für die Kinder (regelmäßig/einige Male pro Monat)
usw.	usw.

Die Rolle der Eltern als Mitwirkende lässt sich sogar noch erweitern. Beispielsweise kann ihnen die Aufsicht über eine kleinere Gruppe von Kindern übertragen werden, mit denen sie dann im Nebenraum oder Flurbereich spielen. Das ermöglicht dann unter Umständen einer Fachkraft, sich aus der Gruppe zurückzuziehen (in der die andere Mitarbeiterin verbleibt) und die Zeit für Vorbereitungsarbeiten, Elterngespräche oder Hausbesuche zu nutzen.

Die Anwesenheit von Eltern im Tagesverlauf kann natürlich auch dazu führen, dass die pädagogische Arbeit der Erzieherinnen hinterfragt wird. Jedoch sollte eine solche „Kritik" nicht als „Einmischung" abgelehnt oder als „Angriff" verstanden werden, der nun mit einer längeren „Verteidigungsrede" erwidert werden muss. Viel sinnvoller ist es, solche Gespräche zu nutzen, um die Konzeption, Erziehungsziele, Grundsätze der Frühpädagogik, mit bestimmten Aktivitäten verbundene Lernerfahrungen, das eigene Verhalten u. Ä. zu erläutern. Auf diese Weise erwerben Eltern entwicklungspsychologische und pädagogische Kenntnisse. Anschließend sollte aber die eigene Arbeit kritisch überprüft werden – insbesondere dahingehend, ob wirklich der Lebenslage, den Charakteristika und Bedürfnissen der Kinder und Eltern entsprochen wird. „Kritische" oder besonders interessierte Eltern können z. B. auch durchaus an der Konzeptionserstellung oder an der Planung von Projekten beteiligt werden und auf diese Weise einen Teil der Verantwortung für die pädagogische Arbeit übertragen bekommen. Alle aber müssen lernen, Verständnis für die Position der jeweils anderen Seite zu entwickeln, deren Gefühle zu akzeptieren und Meinungsunterschiede zu tolerieren.

(Mit-)Gestaltung von pädagogischen Angeboten und Projekten

Eltern können noch mehr aktiviert werden, indem sie zur (Mit-)Gestaltung pädagogischer Angebote aufgefordert werden – ein wichtiger Aspekt der Bildungspartnerschaft. Hier ist es von Vorteil, wenn die Erzieherin über Berufe, Hobbys und besondere Fähigkeiten von Eltern gut informiert ist, sodass sie einzelne Eltern gezielt ansprechen kann. So sollten die Eltern möglichst schon bei der Anmeldung ihres Kindes oder spätestens bei weiteren Elterngesprächen nach besonderen, für Kinder interessante Fähigkeiten und Kenntnissen gefragt werden. Auch Tür-und-Angel-Gespräche sind oftmals aufschlussreich. Ferner kann durch eine Umfrage ermittelt werden, wie sich Eltern in der Einrichtung engagieren wollen/können.

Jeder einzelne Elternteil verfügt über individuelle Kompetenzen, die in die Kita-Arbeit eingebracht werden können – der Gärtner, die Bürokraft, der Buchhalter, die Graphikerin, der Handwerker, die Musiklehrerin, der Koch usw. Gerade Eltern, die aus was für Gründen auch immer an Elternabenden, Gesprächskreisen oder Elterngruppen nicht teilnehmen wollen, können oftmals durch ein auf ihre speziellen Fähigkeiten zugeschnittenes Angebot für eine Mitarbeit in der Kindertagesstätte gewonnen werden. Anzumerken ist, dass natürlich auch Großeltern einbezogen werden können. Beispielsweise können Großmütter regelmäßig in die Kindertageseinrichtungen kommen, um von früher zu berichten (auch anhand eines Fotoalbums mit eigenen Kindheitsfotos), Märchen zu erzählen oder mit den Kindern Handarbeiten zu machen. Den fachgerechten Umgang mit den Werkzeugen an der Werkbank kann ein Großvater zeigen, der früher als Schreiner gearbeitet hat.

Haben Eltern außergewöhnliche Fähigkeiten, beherrschen sie also beispielsweise eine Fremdsprache oder ein bestimmtes Musikinstrument, so können sie interessierten Kindern Sprachunterricht geben oder ihr Instrument in der Gruppe vorstellen. Beispielsweise kann ein Vater, der von Beruf Masseur ist, seine beruflichen Fertigkeiten in die Kindergruppe einbringen. Er zeigt den Kindern einige Massagegriffe, leitet sie bei einer Partnermassage an und führt sie hin zu einer entspannten Körperhaltung und Atmung. Zu einer Mutter dürfen die Kinder in die Arztpraxis kommen, ein anderer Vater lädt die Gruppe zur Besichtigung seiner Bäckerei ein, eine weitere Mutter ist bereit, ihr Baby in der Gruppe zu baden, zu wickeln und zu füttern. Eine türkische Mutter kommt einmal pro Woche in die Kindertageseinrichtung, um interessierten Kindern wichtige türkische Redewendungen sowie Lieder und Gedichte beizubringen. Ein Vater, der als Sportlehrer tätig ist, bietet einen Schwimm- oder Gymnastikkurs an.

Wichtig ist, dass es sich hier nicht um isolierte Ereignisse handelt: Beispielsweise können die Kinder nach dem Erlernen von Massagegriffen immer wieder motiviert werden, einander zu massieren, oder sie können andere Formen der Entspannung kennen lernen (meditative Musik, Entspannungsübungen, Malen von Mandalas usw.). Der Besuch bei der Mutter in der Arztpraxis kann mit Gesprächen und Aktivitäten rund um das Thema „Gesundheit und Krankheit" verknüpft werden oder die Besichtigung der Bäckerei des Vaters mit dem Kennenlernen anderer Handwerksberufe.

Dies verdeutlicht, dass eine Mitarbeit von Eltern vor allem im Rahmen von Projekten sinnvoll ist (siehe hierzu Textor 2005). Erzieherinnen können interessierte Eltern bereits in deren Planung einbeziehen: Diese können Ideen beisteuern, organisatorische Aufgaben übernehmen (Objekte besorgen, Kontakte herstellen …), eine besondere Aktivität mit Kindern übernehmen oder auch als Begleitpersonen bei Exkursionen mitkommen. Projekte unter Beteiligung der Eltern können z. B. die Erkundung der Gemeinde, das Leben in der Vergangenheit, Besuche in Museen, Theatern, Redaktionen oder Druckereien u. Ä. umfassen. Durch sie kann den Kindern leichter die Erwachsenenwelt und ihr Wohnort erschlossen werden.

Diese Beispiele zeigen wie die vorgenannten, dass die Mitarbeit der Eltern nicht nur das Kindergartenpersonal entlastet, sondern auch zu vielen neuen Angeboten für Kinder und Eltern und damit zu neuen Lernerfahrungen führen kann. Durch die Unterstützung der Eltern werden sachorientiertes Lernen und realitätsnahe Erfahrungen für die Kinder möglich, wird das pädagogische Angebot der Kindertageseinrichtung umfassender, vielfältiger und reichhaltiger und erfahren die Kinder aufgrund der Anwesenheit weiterer Erwachsener mehr individuelle Zuwendung. Stürmer (2003) ergänzt: „Die Attraktivität des Beschäftigungsprogramms erhöht sich durch die vielfältigen persönlichen Eigenarten und Aktivitäten der Eltern, die ihre Kreativität und Fähigkeiten einbringen" (S. 16). Eltern und Erzieherinnen kennen einander besser, lernen voneinander und empfinden mehr Wertschätzung füreinander. Die Eltern identifizieren sich mehr mit der Kindertagesstätte und übernehmen Mitverantwortung für die Bildung und Erziehung der Kinder. Oft verbessern sich das Einrichtungsklima und die Öffentlichkeitswirkung. Selbstverständlich muss aber die pädagogische Mitarbeit der Eltern von den Erzieherinnen fachlich verantwortet, angeleitet und überwacht werden. Und natürlich darf sie nicht als Entschuldigung für eine unzureichende Personalausstattung dienen – dazu ist Elternmitarbeit auch zu sporadisch und auf die Dauer gesehen zu unzuverlässig.

Bildungspartnerschaft

Durch die Einbindung von Eltern in die pädagogische Arbeit wird Bildungspartnerschaft realisiert: Zum einen werden einzelne bildende Aktivitäten von Erzieherinnen und (einigen) Eltern gemeinsam geplant, vorbereitet und durchgeführt. Zum anderen können Eltern – bei entsprechender Information durch die Tageseinrichtung – Bildungsinhalte zu Hause aufgreifen und vertiefen. So können im Kontext des Wochenplans oder eines Projekts bestimmte Aktivitäten in der Kindergruppe begonnen werden, die dann in der Familie fortgeführt oder ergänzt werden. Beispielsweise schicken die Erzieherinnen die Kinder mit dem Auftrag nach Hause, ihre Eltern (bzw. Großeltern) zu einem bestimmten Thema zu „interviewen", sie um etwas (z. B. um ein „historisches" Objekt zum Anschauen in der Gruppe) zu bitten, mit ihnen ein vorgegebenes Experiment durchzuführen oder mit ihnen eine Bastelarbeit zu beenden. Auf diese Weise wird auch der Kita-Alltag für die Eltern transparent. Zudem erleben die Kinder, dass ihre „Arbeit" in der Kindertagesstätte von den Eltern positiv bewertet und aufgegriffen wird.

Ferner können die Erzieherinnen den Eltern empfehlen, zum Thema einer längerfristigen Aktivität oder eines Projekts passende Bilderbücher aus der Stadtbibliothek auszuleihen und mit den Kindern anzuschauen. Sie können auch Materialien (Sach- und Bilderbücher, Lernspiele, Praxisartikel, Liederhefte, Spiel- und Bastelanleitungen usw.) zusammenstellen, die Eltern ausleihen können. So können sie diese motivieren, zu

Hause bildende Aktivitäten mit ihren Kindern durchzuführen. Diese Materialien müssen nicht unbedingt in Bezug zum Monatsplan oder zum aktuellen Projekt stehen.

Mit DiNatale (2002) ist festzuhalten: „Wenn Eltern eingebunden werden, gewinnen sie ein besseres Verständnis von ihrer Rolle als primäre Erzieher ihres Kindes" (S. 90). Die Eltern würden sich bewusst, dass ihr Verhalten und Vorbild einen großen Einfluss auf die Erziehung und Bildung ihrer Kinder haben und würden sich dementsprechend mehr engagieren – wobei Forschungsergebnisse belegen, dass einer der wichtigsten Faktoren, die den Schulerfolg von Kindern bestimmen, das Ausmaß der Beteiligung der Eltern an ihrer Bildung ist.

Weitere Möglichkeiten der Mitarbeit von Eltern

Es hat im Kita-Bereich eine lange Tradition, dass Eltern gebeten werden, ihren Kindern bestimmte (Abfall-)Materialien mitzugeben, die z. B. zum Basteln oder zum Verkleiden benötigt werden. Häufig werden die Eltern auch in die Organisation von Festen eingebunden. So können sie beispielsweise Vorführungen machen oder Spielangebote für die Kinder machen, Dekorationen herstellen oder Essen und Getränke besorgen und ausgeben. Je mehr sich die Eltern einbringen und aktiv mitarbeiten können, umso kreativer und abwechslungsreicher gestalten sich in der Regel die Feiern. Auch lassen sich Eltern einbeziehen, die z. B. aufgrund von Sprachproblemen andere Elternangebote nicht nutzen.

Insbesondere bei Elterninitiativen ist es oftmals üblich, dass Eltern Einkäufe tätigen, für die Kinder kochen, die Räume putzen, die Gartenarbeit erledigen, die Buchführung übernehmen und für die Öffentlichkeitsarbeit verantwortlich zeichnen. Viele Kindertageseinrichtungen haben in den letzten Jahren außerdem positive Erfahrungen mit der Kooperation mit Eltern bei der Umgestaltung von Spielbereichen in den Gruppenräumen und im Gang oder bei der Neugestaltung des Außengeländes gesammelt. Ferner werden Eltern bei Renovierungsarbeiten, zur Reparatur von Spielsachen, für Büroarbeiten oder bei der Erstellung der Kita-Zeitung eingesetzt. Manche organisieren Wanderungen und Ausflüge oder gestalten Gottesdienste für die Kinder und ihre Familien, sodass die Erzieherinnen sowohl bei den Vorbereitungen entlastet werden als auch keine Aktivitäten für die Kinder anbieten müssen. Eltern gestalten Basare, Flohmärkte und Skatabende oder gründen einen Förderverein und erschließen auf diese Weise der Kindertageseinrichtung zusätzliche finanzielle Mittel. Migranteneltern helfen als Dolmetscher oder übersetzen schriftliche Materialien, wenn Kita-Eltern aus ihrem Kulturkreis der deutschen Sprache nicht mächtig sind. Sind Eltern den Kindern bekannt und mit den Räumlichkeiten der Kindertagesstätte vertraut, können sie für Fachkräfte einspringen, die erkrankt oder auf Fortbildung sind.

Interessierte Eltern können auch an der Erstellung und Fortschreibung der Konzeption der Einrichtung, an der Jahresplanung (Besprechung möglicher Themenschwerpunkte, Projekte, Feste usw.) oder an der Erarbeitung der Wochenpläne beteiligt werden, sodass sie ihre Vorschläge, Wünsche, Interessen und Vorstellungen einbringen können. Auch dadurch kann Kontinuität zwischen öffentlicher und privater Erziehung erreicht werden: „Ein kritischer Überblick über einen Großteil der professionellen Literatur in Bezug auf die Kommunikation mit Eltern verweist auf eine implizite Vorannahme, nach der Kontinuität dadurch zustande kommen wird, dass Eltern ihre Erziehungsgewohnheiten ändern, und nicht dadurch, dass Erzieher aufgrund der Gespräche zwischen Eltern und Fachkräften ihr Programm verändern" (Shimoni 1991, S. 13).

Genauso gut lassen sich ihre Kompetenzen für andere Eltern nutzbar machen – so kann z. B. eine Sportlehrerin Aerobic-Stunden, eine türkische Mutter einen Kochkurs „Andalusische Speisen" oder eine im Schneidern versierte Mutter einen Nähkurs anbieten. Die Eltern können ein Elterncafé, eine Müttergruppe oder einen Elternstammtisch organisieren. Sie können eventuell einen Sprachkurs für Migranteneltern durchführen.

Fazit

Eltern haben also viele Möglichkeiten, sich in Kindertageseinrichtungen zu engagieren. Welche sie davon nutzen, hängt von unterschiedlichen Faktoren ab: den Zeitressourcen, den persönlichen Kompetenzen, der Motivation usw. Prinzipiell sollte Elternmitarbeit aber freiwillig sein; Eltern, die keine Zeit oder keine Lust haben, dürfen keinesfalls benachteiligt werden.

Das Engagement von Eltern ist in der Regel besonders groß, wenn sie das Gefühl haben, es kommt direkt ihrem Kind zugute bzw. verbessert dessen Situation. Dasselbe gilt für relativ kurzfristige Aktivitäten mit einem eindeutigen gemeinsamen Ziel (z. B. Durchführen eines Projekts, Anlegen eines Biotops). Streben Erzieherinnen eine intensive Elternmitarbeit an, sollten sie deshalb immer aufzeigen, was das jeweilige Ziel ist und inwieweit das Engagement der Eltern dem jeweiligen Kind nutzt. Ferner sollten sie individuelle Motivationslagen, Werte und Einstellungen berücksichtigen: „Sozial eingestellte Eltern, die sich für andere einsetzen, übernehmen gern die Gestaltung eines Elterncafés als Begegnungsstätte für die Eltern, während Eltern mit einer ausgeprägt ökologischen Einstellung sich eher für die naturnahe Gestaltung des Außengeländes engagieren" (Bernitzke/Schlegel 2004, S. 210). Neu hinzugezogene Eltern möchten Kontakte knüpfen und organisieren z. B. gerne einen Elternstammtisch oder eine Familienfreizeit.

Von großer Bedeutung ist ferner, inwieweit sich die Eltern wirklich als von den Erzieherinnen eingeladen erleben. Manchmal gibt es seitens der Fachkräfte Vorbehalte, weil sie z. B. Angst haben, die Mitarbeit von Eltern könnte sich negativ auf den Personalschlüssel auswirken, weil sie sich nicht von den Eltern im Umgang mit den Kindern beobachten lassen wollen, weil sie sich manchen Eltern unterlegen fühlen, weil sie zu viel Einmischung fürchten oder weil sie nur wenig Vertrauen in die (pädagogischen) Fähigkeiten der Eltern haben. Solche Vorbehalte – selbst wenn sie nicht ausgesprochen werden – bleiben natürlich nicht lange unbemerkt. Sie sollten deshalb unbedingt so früh wie möglich im Team geklärt werden.

Elternmitarbeit wird positiv verstärkt, wenn die Eltern

- schon in die Planung von Aktivitäten einbezogen werden,
- mitbestimmen und Mitverantwortung übernehmen können,
- ihre Vorschläge und Aktivitäten von den Fachkräften gewürdigt sehen,
- sinnvolle Aufgaben übernehmen, sich also nicht als bloße Handlanger erleben, die fortwährend bevormundet und belehrt werden,
- ihre Vorstellungen verwirklicht sehen und
- Feedback, Anerkennung und Wertschätzung erfahren (z. B. können größere Projekte mit einem Helferfest abgeschlossen werden).

Letztlich kann man am Ausmaß der Elternmitarbeit erkennen, wie groß die Identifikation der Eltern mit der Kindertageseinrichtung und wie stark ausgeprägt die Bildungspartnerschaft ist.

Literatur

Bernitzke, F./Schlegel, P.: Das Handbuch der Elternarbeit. Troisdorf: Bildungsverlag EINS 2004

DiNatale, L.: Developing high-quality family involvement programs in early childhood settings. Young Children 2002, 57 (5), S. 90–95

Shimoni, R.: Professionalization and parent involvement in early childhood education: complementary or conflicting strategies? International Journal of Early Childhood 1991, 23 (2), S. 11–20

Stürmer, G.: Neue Elternarbeit. Basiswissen Kita. Sonderheft der Zeitschrift „Kindergarten heute". Freiburg: Herder, 3. Aufl. 2003

Textor, M.R.: Projektarbeit im Kindergarten. Planung, Durchführung, Nachbereitung. Norderstedt: BoD 2005

Wilfried Griebel und Renate Niesel

Mit Veränderungen umgehen lernen – Transitionen in Partnerschaft bewältigen

In der neueren Familienforschung werden Übergänge oder Transitionen in der Entwicklung der Familie beschrieben. Als Transitionen angeführt werden beispielsweise der Übergang von der Partnerschaft zur Elternschaft bei der Geburt des ersten Kindes, der Eintritt des Kindes in das Jugendlichenalter mit den daraus folgenden Veränderungen für die ganze Familie, der Eintritt in das Erwerbsleben und das Verlassen des Haushalts durch das jüngste Kind. Immer mehr Kinder wachsen nicht in einer Familienform, sondern in aufeinander folgenden Formen von Familie auf: z. B. in einer Kernfamilie, dann in einer Nachscheidungsfamilie und schließlich in einer Stieffamilie. Als Folge von Veränderungen in der Qualität des Lebens in den Familien musste die Bewältigung von Veränderungen bzw. Diskontinuitäten als Entwicklungsaufgabe für Kinder und Eltern ein zentrales Thema für die konzeptionelle Neubestimmung von Bildungsqualität in Kindertageseinrichtungen werden (Fthenakis 2006).

Im Bereich der Interaktion von Familie, Kindertageseinrichtung und Schule sind ebenfalls Übergänge zu bewältigen, die als Transitionen im Bildungsverlauf gesehen werden können: der Übergang von der Familie in die Kinderkrippe, von der Kinderkrippe oder von der Familie in den Kindergarten, vom Kindergarten in die Grundschule und von der Grundschule in eine weiterführende Schule.

Zur Beschreibung und Erklärung dieser Übergänge ist der entwicklungspsychologische Übergangs- oder Transitionsansatz entwickelt worden (Griebel/Niesel 2004). In der internationalen Transitionsforschung werden einzelne Theoriestränge zusammengeführt: Die Ökopsychologie bzw. Systemtheorie Urie Bronfenbrenners lenkt den Blick darauf, dass Entwicklung im sozialen Zusammenhang geschieht. Die Bewältigung eines Übergangs kann nicht auf den Einzelnen, das Kind, beschränkt gesehen werden. Alle relevanten Personen und sozialen Systeme müssen berücksichtigt werden. Die Entwicklung über die Lebensspanne beinhaltet, dass auch Erwachsene Entwicklungsprozesse durchlaufen, insbesondere im Zusammenhang mit der Familie. Die Stresstheorie lieferte einen Rahmen zum Verständnis von Belastungs- und Überforderungsreaktionen. Stressreaktionen sind danach vermeidbar, wenn Veränderungen im Lebensumfeld das Kind nicht überfordern, wenn sie vorhersehbar und kontrollierbar gestaltet werden. Außerdem ist die motivationale Ausgangslage – Vorfreude oder Ängste in Hinsicht auf die anstehenden Veränderungen – zu berücksichtigen. Die Erforschung kritischer Lebensereignisse, zu denen auch Übergänge gerechnet werden können, zeigt, dass sie Risiken und Chancen beinhalten. Es ist dabei wichtig, die Ressourcen zur Bewältigung der Krise zu erschließen.

Im Übergangs- oder Transitionsansatz werden markante Veränderungen in der Entwicklung über die Lebensspanne beschrieben, die den Einzelnen und seine Familie betreffen. Entwicklungsübergänge bringen bedeutsame Veränderungen für das Individuum, die in soziale Prozesse eingebettet sind und mit konzentrierten Lernprozessen bewältigt werden müssen. Anforderungen, Belastungen und Krisen werden als Auslöser für Entwicklungsprozesse gesehen. Diese münden in eine gewandelte Identität ein: Man hat sich verändert. Aus Partnern sind Eltern geworden, aus einem Kind ist eine Jugendliche bzw. ein Jugendlicher geworden, aus verheirateten Eltern sind geschiedene Eltern geworden, aus einem neuen Partner ist ein Stiefelternteil geworden, aus einem Kindergartenkind ist ein Schulkind geworden ...

Übergangsbewältigung als Entwicklungsaufgabe

Das Konzept der Entwicklungsaufgabe verbindet biologische, soziologische und psychologische Perspektiven und gibt Sozialisationsziele für unterschiedliche Lebensabschnitte vor, wie sie in westlichen Gesellschaften weitgehend verbindlich sind. Es verbindet das Individuum mit seiner Umwelt, indem es kulturelle Erwartungen mit individueller Leistungsfähigkeit in Beziehung setzt. Dabei kommt dem Individuum eine aktive Rolle bei der Gestaltung der eigenen Entwicklung zu. Die zur Bewältigung der Entwicklungsaufgaben nötigen Kompetenzen bilden sich durch eine Vielzahl von Fähigkeiten und Fertigkeiten sowie durch Anpassungsleistungen innerhalb typischer Entwicklungssituationen, die sich dem Individuum als Handlungsgelegenheit darbieten.

Das Transitionskonzept hat sich geeignet erwiesen, um den Eintritt in den Kindergarten und die Schule zu untersuchen (Niesel/Griebel 2000; Griebel/Niesel 2004, S. 83 ff.). Übergänge sind verbunden mit Veränderungen auf mehreren Ebenen:

- ▨ *Individuelle Ebene*
  - Veränderungen in der Identität
  - Umgang mit starken Emotionen
  - Entwicklung von Kompetenzen
- ▨ *Interaktive Ebene*
  - Veränderung bestehender Beziehungen bzw. Verlust an Beziehungen
  - Entwicklung neuer sozialer Beziehungen
  - neue Rollen
- ▨ *Kontextuelle Ebene*
  - Integration unterschiedlicher Lebensbereiche
  - Elementarpädagogik ergänzt Familienerziehung; Wechsel vom Konzept des Kindergartens zum Grundschullehrplan
  - Umgang mit weiteren Übergängen in der Familie.

Vorerfahrungen und Entwicklungsbedingungen des einzelnen Kindes spielen bei der Übergangsbewältigung eine wesentliche Rolle. Die Entwicklung der Identität, der Kompetenzen, der Beziehungen und der Rollen muss vor dem Hintergrund des bisherigen sozialen Lebensumfeldes gesehen werden, weil dies die Bewältigung der Veränderungen beeinflusst. Die mit dem Übergang verbundenen Anforderungen werden als Entwicklungsaufgaben aufgefasst, um den motivationalen, herausfordernden Charakter stärker zu betonen. Orientierung an der Herausforderung leitet das pädagogische Handeln, während Überforderung ebenso wie Unterforderung vermieden wird. So kann eine Passung zwischen der jeweiligen Aufgabe und den individuellen Voraussetzungen gesucht werden.

Kinder und Eltern bewältigen eine Entwicklungsaufgabe – Erzieherinnen und Lehrkräfte sind in ihrer Fachkompetenz gefordert

Das Kind und seine Eltern befinden sich bei Transitionen im Bildungsverlauf der Kinder in einem Prozess, der die Bewältigung einer Vielzahl von Veränderungen verlangt, während Erzieherinnen und Lehrkräfte selber keinen Übergang im entwicklungspsychologischen Sinne erleben. Sie sind fachkompetente Gestalterinnen und Begleiterinnen der Übergänge. Möglicherweise sind der Beginn eines neuen Kindergarten- bzw. Schuljahres besonders fordernder Abschnitte in der jährlichen Routine; das Erleben der Erst- oder Einmaligkeit trifft in der Regel aber für Erzieherinnen und Lehrerinnen nicht zu (vgl. auch 12. Kinder- und Jugendbericht des Bundesministeriums für Familie, Senioren, Frauen und Jugend).

Diese Unterscheidung ist wichtig für die pädagogische Grundhaltung, mit der Erzieherinnen und Lehrerinnen Kindern und Eltern gegenübertreten. Mit vielleicht schon vieljährigen Erfahrungen darf das Verständnis für die individuellen Anforderungen und Bewältigungsbestrebungen von Kindern und Eltern nicht verloren gehen. Die Perspektivübernahme wird erleichtert, wenn die pädagogische Gestaltung des Übergangs fachlich gut verankert ist und die Übergangsleistungen von Kindern und Eltern im Blick behalten werden.

Im Folgenden werden wir einen Überblick geben über den Übergang von der Familie in die Kindertagesstätte, bei dem der Schwerpunkt auf die Ziele für das Kind und das Erleben der Eltern gelegt wird. Beim Übergang vom Kindergartenkind zum Schulkind konzentrieren wir uns auf Bewältigungsstrategien der Eltern. Strategien von Einrichtungen, in ihre Kooperation untereinander die Eltern einzubinden, werden ausgeführt. Zwei Praxisbeispiele zur Kooperation beim Übergang in die Schule schließen den Beitrag ab.

Zum Übergang von der Familie in die Kindertageseinrichtung

Die Orientierung an biologischen Reifekriterien, wie z. B. die Einteilung in Kinderkrippen für Kinder unter drei Jahren und in den Kindergarten für Kinder nach Vollendung des dritten Lebensjahres bis zum Schuleintritt, verliert vielerorts durch Kindertageseinrichtungen, die nach Konzepten einer erweiterten Altersmischung arbeiten, an Bedeutung. Soziale Erwartungen sind aber nach wie vor im Kindergartenalter wirksam, und sie richten sich nicht nur an Kindergartenkinder, sondern ebenso an ihre Eltern.

Übergangsbewältigung ist mehr als der morgendliche Abschied ohne Tränen

Übergangsbewältigung betont die aktive Mitgestaltung des Kindes und der Eltern und setzt damit einen anderen Schwerpunkt als die eher passiv anmutende Formulierung: „ein Kind wird eingewöhnt". Es geht um den pädagogischen Leitgedanken, den Übergang an den Bedürfnissen des einzelnen Kindes und nicht an denen der Institution zu orientieren. Für jedes Kind soll der Übergang angemessene Herausforderungen bieten; anhaltende Überforderung aber gilt es zu vermeiden.

Von pädagogischer Relevanz sind die Entwicklungsimpulse, die mit den Herausforderungen der Übergangsbewältigung verbunden sind. Wird der Übergang gemeistert, kann davon ausgegangen werden, dass das Kind Fortschritte in seiner Entwicklung gemacht hat. Beispiele dafür sind

■ *auf der individuellen Ebene:*
  – Das Kind gewinnt an Selbstwertgefühl und einer allgemeinen positiven Grundeinstellung gegenüber neuen Situationen,
  – hat eine positive Einstellung zu „seinem" Kindergarten und den dort angebotenen Bildungsangeboten,
  – übt soziale Kompetenzen hinsichtlich Kooperation, Kontaktinitiative und Selbstkontrolle und
  – setzt zunehmend Problem lösende anstelle von Emotionen regulierende Bewältigungsstrategien ein.
■ *auf der Beziehungsebene:*
  – Zu den Bindungserfahrungen mit primären Bezugspersonen gewinnt das Kind vertrauensvolle Beziehungen zu weiteren Erwachsenen hinzu und
  – ist bereit, in der Einrichtung mit Jungen und Mädchen aus unterschiedlichen Altersgruppen und Kulturkreisen Spiel- und Freundschaftsbeziehungen einzugehen.
■ *auf der kontextuellen Ebene:*
  – Das Kind entwickelt Flexibilität hinsichtlich der Unterschiedlichkeit der Entwicklungsumgebungen „Kindertageseinrichtung" und „Familie",
  – erlebt zusätzliche Anregungen und Unterstützung durch das Zusammenwirken von Eltern und pädagogischen Fachkräften,
  – kann qualitativ hochwertige und entwicklungsangemessene früh-

pädagogische Bildungsangebote auch außerhalb der Einrichtung nutzen und
– lernt andere Familien in ihrem häuslichen Umfeld kennen.

Das Ziel einer erfolgreichen Übergangsbewältigung ist in erster Line nicht, dass das Kind in der neuen Umgebung gut „funktioniert", sondern dass es an den neuen Herausforderungen wächst – nicht mehr nur Familienkind ist, sondern ein positives Selbstbild als kompetentes Kindergartenkind entwickelt.

Wie Kinder und Erwachsene mit neuen Situationen und Herausforderungen umgehen, welche Strategien sie zur Bewältigung einsetzen, ist individuell sehr verschieden. Deutlich beobachtbar kann z. B. der Umgang mit Emotionen sein. Die Begegnung mit dem Unbekannten und das Bewusstsein, dass ein neuer Lebensabschnitt beginnt, bringen für die Familienmitglieder starke Gefühle mit sich. Bei aller Vorfreude und Neugier auf das Kommende ist der Übergang in den Kindergarten auch mit Verlust und Abschied verbunden. Starke emotionale Reaktionen gehören zu den Anforderungen des Übergangs. Sie sind in gewissem Umfang als normal anzusehen. Der Grad, in dem sie Kummer, Anspannung und Ängstlichkeit oder aber Zuversicht und Gelassenheit ausdrücken, dürfte z. B. von Wesenseigenschaften wie dem Temperament, aber auch von bereits gemachten Erfahrungen mit anderen Betreuungspersonen mitbestimmt sein.

Obwohl verhältnismäßig wenige Kinder in der Eingewöhnungszeit morgens weinen, wurde von Erzieherinnen häufiger als Kriterium für erfolgte Eingewöhnung angegeben, dass das Kind morgens nicht mehr weine. Als Aufgaben für die Eltern wurden von Erzieherinnen u. a. genannt: „Loslassen des Kindes", „Abnabelung vom Kind", „Abtrennung", „das Kind hergeben", es „in fremde Hände geben" (Niesel/Griebel 2000). Die Überprüfung der eigenen Vorstellungen und Begrifflichkeiten für die Trennungssituation am Morgen können die pädagogischen Fachkräfte nutzen, um die eigenen, ganz persönlichen Vorstellungen, aber auch den fachlichen Hintergrund dieses Geschehens zu überprüfen. Sind es wirklich „fremde Hände", denen das Kind für einen vorhersehbaren Zeitraum in einer dafür geeigneten Umgebung anvertraut wird?

Selbst bei guter Vorbereitung der ersten, zeitlich begrenzten Trennung des Kindes von Mutter oder Vater gehören Gefühle dazu, und es sollte von Kindern und Eltern nicht erwartet werden, ihre Gefühle zu unterdrücken. Das Erlebnis, dass Unsicherheit und Traurigkeit nachlas-

sen und die Freude am Neuen die Oberhand gewinnt, dass Handlungs-
möglichkeiten sich eröffnen – das ist der Vorgang, der pädagogisch aufmerksam begleitet werden sollte, auch weil er für Kinder und Eltern eine
wertvolle Erfahrung ist.

Eltern werden Kindergarteneltern, indem sie allmählich neben der
Sorge um das Wohlergehen ihres eigenen Kind die Interessen und Anliegen der gesamten Gruppe bzw. der gesamten Einrichtung respektieren
und gemeinsam mit anderen Eltern und dem Fachpersonal unterstützen. Sie erleben die Kindertageseinrichtung als Bereicherung ihrer Elternschaft.

Für die Schaffung einer Basis einer tragfähigen Erziehungs- und Bildungspartnerschaft zwischen Erzieherinnen und Eltern ist der Übergangsprozess gut geeignet, denn in Übergangssituationen, die ihr Kind
betreffen, sind Eltern besonders gesprächsbereit und offen für unterstüt-
zende Angebote. Ein gelungener Übergang wirkt für Kinder und Eltern
wie ein Türöffner zur den Entwicklungs- und Bildungsressourcen der
Kindertageseinrichtung.

Ein Kindergartenkind werden – manche Kinder brauchen mehr Zeit als andere

Mit dieser Aussage sind zwei Aspekte angesprochen: Ein Kindergartenkind kann ein Kind erst mit entsprechenden Erfahrungen in der Kindertageseinrichtung werden, und dieser Prozess verläuft individuell unterschiedlich. Der Übergangsprozess dauert oft länger, als Eltern und
Erzieherinnen erwarten. Erzieherinnen berichteten für einen beträchtlichen Anteil der Kinder noch zehn Monate nach Kindergarteneintritt
Probleme im Zusammenhang mit der Eingewöhnung – wenn diese
auch unterhalb der Schwelle von Verhaltensauffälligkeiten lagen (Niesel/
Griebel 2000).

Erzieherinnen müssen sich mit ihren eigenen Erwartungen bezüglich
des Zeitraums für die Eingewöhnung auseinander setzen, und sie sollten
auch wissen, welche Erwartungen die Eltern haben. Eltern brauchen
Rückmeldungen über den Stand der Eingewöhnung ihres Kindes und
die klare Botschaft, dass auch längere Eingewöhnungszeiten „normal"
sein können. Dies entlastet die Eltern, und wenn Erzieherin und Eltern
sich gemeinsam auf das Kind einstellen, wird auch das Kind entlastet.

Bewährte pädagogische Maßnahmen kritisch reflektieren
Jede Kindertageseinrichtung hat für die Aufnahme neuer Familien bewährte und vielleicht seit vielen Jahren praktizierte Verfahren. Anhand der beschriebenen Anforderungsebenen für einen erfolgreichen Übergang kann die bisherige Praxis reflektiert, vielleicht auch neu konzipiert werden. So sind kleine Rituale zur Aufnahme der neuen Kinder nicht nur eine freundliche Geste des Willkommens, sondern sie unterstützen den Identitätswandel zum Kindergartenkind. Beim sorgfältigen Gespräch mit Eltern über den Tagesablauf in der Einrichtung sollte nicht nur an einen möglichst reibungslosen Betrieb gedacht werden, sondern auch daran, dass die Klärung von Erwartungen auf beiden Seiten Eltern hilft, neue Kompetenzen als Kindergarteneltern zu erlernen. Wenn größere Kinder die neuen Kinder aktiv unterstützen, entlastet das nicht die nur Erzieherinnen, sondern es unterstützt auch den Aufbau und die Entwicklung neuer Beziehungen.

Für die Erziehungs- und Bildungspartnerschaft mit den Eltern hat es sich als günstig erwiesen, die Zeit zwischen der Anmeldung und dem ersten offiziellen Kindergartentag sinnvoll zu nutzen. Dieser Zeitabschnitt könnte unter dem Motto stehen „Dialog von Anfang an". Dazu gehört nicht nur die angemessen dosierte Versorgung mit den nötigen Informationen in mündlicher und schriftlicher Form, sondern das glaubwürdige Angebot zur Gesprächsbereitschaft: Eltern über die Bedeutung des Übergangsprozesses zu informieren, ihre Gefühle und Wünsche ernst zu nehmen und darauf hinzuweisen, dass sie nicht nur Unterstützer ihres Kindes sind, sondern selber einen Übergang meistern müssen – und dass nicht erwartet wird, dass alles vom ersten Tag an problemlos klappt. Wenn das Kind in das Aufnahmeverfahren direkt einbezogen wird, z. B. durch Gespräche und Verhaltensbeobachtungen, lassen sich individuelle pädagogische Vorgehensweisen entwickeln.

Die Öffnung von Kindergärten für Familien mit Kindern, die jünger als drei Jahre sind, führt in der Regel dazu, dass Aufnahme und Eingewöhnung im Hinblick auf die jungen Kinder überprüft werden. Hier sind die Erkenntnisse der Kleinkind- und der Transitionsforschung hilfreich, wie sie in Kinderkrippen für die individuelle Übergangsbegleitung genutzt werden. Erfahrungen zeigen, dass die Neukonzeption der Übergangsbegleitung zwar sorgfältige Abstimmungsprozesse im Team sowie einen gewissen organisatorischen und personellen Aufwand bedeuten, dass die Arbeit für die Fachkräfte dadurch aber nicht nur befriedigender wird, sondern dass sich die Investition am Anfang langfristig in der täglichen Arbeit und nicht zuletzt im Wohlergehen von Kindern, Eltern und Erzieherinnen positiv bemerkbar macht (vgl. dazu Griebel/Niesel 2004, S. 43 ff.).

Eltern werden Schulkindeltern: Bewältigungsstrategien

In eine Studie zum Übergang vom Kindergarten in die Grundschule wurden auch die Eltern einbezogen: Sie gaben Informationen über ihre Kinder und deren Vorbereitung auf die Schule, aber auch über ihre eigenen Erfahrungen im Zusammenhang damit, Eltern eines Schulkindes zu werden. In Interviews nach dem Eintritt des Kindes in die Schule gaben Eltern zu erkennen, dass sie den Übergang zu Eltern eines Schulkindes intensiv erlebten. In den Bereichen Identität, Beziehungen, Rollenerweiterung und Abstimmung des Familien-, Berufs- und Schulalltags sowie bei den starken, mit dem Schuleintritt verbundenen Gefühlen erbrachten sie Anpassungsleistungen (Griebel/Niesel 2002; 2004, S. 126 ff.).

Im Folgenden werden Verhaltens- und Erlebensweisen der Eltern als Bewältigungsstrategien dargestellt, um im Rahmen einer Erziehungs- und Bildungspartnerschaft auf Möglichkeiten hinzuweisen, Eltern nicht nur in ihrer Funktion als Unterstützer ihres Kindes, sondern auch als aktive Bewältiger der eigenen Anforderungen wahrzunehmen.

Als Versuch, über Information Kontrolle und Orientierung zu gewinnen, lassen sich die Bemühungen der Mütter verstehen, ihre Kinder intensiv nach dem Vormittag in der Schule zu befragen. Ein Mangel an entsprechender Information durch die Schule selbst wurde allgemein bedauert. Einige Mütter suchten häufiger Gespräche mit der Lehrerin, andere akzeptierten einen gewissen Verlust an Kontrolle als unvermeidlich mit Schule verbunden.

In der Erziehung von Kindern im vorschulischen Alter durch Eltern und Kindergarten werden die kindliche Autonomie und soziale Kompetenz stärker betont, das kognitive Lernen weniger. In der Schule werden demgegenüber das kognitive Lernen zentral und gleichzeitig damit der Leistungsvergleich und die Kritik an der Leistung. Entsprechend veränderte Einstellungen der Eltern können also unter diesem Aspekt auch als Anpassung verstanden werden.

Fast alle Eltern und Kinder erschienen von der ersten Lehrerin begeistert. Die Entwicklung eines positiven Bildes von der Lehrerin und das Gefühl, gerade mit dieser Lehrerin großes Glück zu haben, vermittelt den Eltern ein gutes Gefühl und Sicherheit dabei, Verantwortung für ihr Kind auf eine andere Person zu übertragen. Unsicherheit wird abgebaut oder zurückgedrängt. Diese Erscheinung wurde daher als eine Strategie zur Bewältigung des Übergangs interpretiert.

Die Entwicklung einer klaren Struktur des Tages- und des Wochenablaufs, von der die ganze Familie beeinflusst wird, ist ebenfalls eine Bewältigungsstrategie. Vielfach wurde zunächst ausprobiert und mit anderen Familien verglichen, welcher Ablauf von Freizeit und Hausaufgaben für das Kind und die Familie der günstigste ist. Darüber hinaus müssen der Jahresablauf und die Betreuung der Kinder während der Ferienzeiten geplant und organisiert werden.

Anpassung an schulische Anforderungen, Pflichterfüllung und Sorgfalt wurden bei den Kindern beobachtet, aber auch eingefordert. Gegenüber den zuvor vorherrschenden Erziehungszielen der Selbstbestimmtheit erscheinen diese Werte als traditionell. Eine Traditionalisierung in den Einstellungen und Beziehungen ist eine Entwicklung, die auch bei anderen familialen Übergängen beobachtet werden kann, etwa beim Übergang von der Partnerschaft zur Elternschaft und den damit verbundenen Veränderungen in der partnerschaftlichen Arbeitsteilung. Die Annahme einer traditionelleren Orientierung, die mehr Sicherheit für das eigene Verhalten vermittelt, kann als Bewältigungsstrategie in Bezug auf einen Übergang verstanden werden.

Über die Hausaufgaben wollten die Mütter, die insgesamt ebenso wie die Väter hohe Erwartungen an gute Leistungen hatten, ein positives Erscheinungsbild ihrer Kinder als Schulkinder sicherstellen. Ihre mit diesen hohen Erwartungen einhergehenden Unsicherheiten und Ängste sollten mit einem Übererfüllen der Anforderungen bewältigt werden. Diese Strategie ist allerdings mit der Gefahr verbunden, dass es zu Konflikten und damit zu einer Beziehungsverschlechterung mit den jungen Schulkindern kommt. Inwieweit das Entwickeln hoher Anforderungen als eine Bewältigungsstrategie für den Übergang, nämlich bei der Einstellung auf das Neue und Unbekannte, verstanden werden kann, bleibt offen.

Auf die Frage, wie sich die Eltern die weitere Zukunft des Kindes in der Schule vorstellten, blieben die Eltern skeptisch im Hinblick auf die

Folgen steigender Leistungsanforderungen. Das Beibehalten einer gewissen Vorsicht als Schutz gegen nachlassende Anstrengungen kann ebenfalls als Bewältigungsstrategie eines in seinen Folgen noch nicht überschaubaren Übergangs gesehen werden.

Trotz aller Belastungen, die auf die Eltern zugekommen waren, freuten sich die Eltern über die neuen Kompetenzen ihrer Kinder und über ihren eigenen Status als Eltern eines Schulkindes, was sie positiv zu schildern bemüht waren. Eltern versicherten, dass ihre Kinder zuversichtlich waren, dass sie gerne in die Schule gingen und dass sie begeistert davon waren, Lesen und Schreiben zu lernen. Das Hervorheben der positiven Aspekte an den eintretenden Veränderungen hilft ebenfalls, diese zu bewältigen.

Wie effektiv oder erfolgreich diese Strategien sind, bleibt zu fragen. Viele der befragten Mütter gaben an, sich erst gegen Ende des ersten Schuljahres in ihrer neuen Rolle als Mutter eines Schulkindes sicher zu fühlen. Erkennbar wird, dass sich diese Bewältigungsstrategien der Eltern nur teilweise auf direkte Kommunikation mit der Schule und auf Beteiligung an einem gezielten Angebot zum Übergang vom Kindergarten in die Schule beziehen.

Strategien der Einbindung der Eltern in die Transitionsbewältigung

Den Strategien der Eltern, sich selbst als Eltern eines Schulkindes verstehen zu lernen und den Übergang ihres Kindes erfolgreich zu unterstützen, lassen sich Strategien von Kindertagesstätte und Grundschule gegenüberstellen, mit denen sie ihrerseits Kommunikation mit den Eltern herstellen und sie an ihren eigenen Aktivitäten zur Unterstützung des Übergangs der angehenden Schulkinder beteiligen.

Das Einbeziehen der Eltern ist immer im Zusammenhang mit der Gesamtheit von Kooperationsformen beim Übergang zwischen der Kindertagesstätte und Schule einerseits und der Kooperation mit Eltern und Elternorganisation (wie Kindergartenbeirat und Elternbeirat) andererseits zu sehen.

Grundsätzlich lassen sich zwei Strategien unterscheiden: Bei der einen wird die Einbeziehung von Eltern auf ein unumgängliches Mindestmaß zu beschränken versucht; im Gegensatz dazu wird bei der anderen die Einbeziehung von Eltern in Richtung auf eine Erziehungspartnerschaft weiterentwickelt.

Datenschutz: Chance statt Problem

Bei der Zusammenarbeit von Kindergärten und Grundschulen zur Übergangsgestaltung geht es oft um die Weitergabe von Informationen über das Kind. Die Information und Einwilligung der Eltern sind erforderlich, wenn die Fach- und Lehrkräfte einen Fachdialog über das einzelne Kind führen oder wenn in schriftlicher Form Informationen weitergegeben werden. Datenschutz bedeutet hier, dass grundsätzlich die Eltern über alle Formen von Datenweitergabe zu informieren sind, dass sie wirklich wissen, welche Informationen weitergegeben werden und dass sie hierzu ihre Zustimmung geben. Die Eltern sind also an dieser Form der Kooperation zwischen den Bildungseinrichtungen aktiv zu beteiligen (Bayerisches Staatsministerium für Arbeit und Sozialordnung, Familie und Frauen/Staatsinstitut für Frühpädagogik München 2006).

Das betrifft auch Hospitationen und gemeinsame Angebote für Kindergartenkinder und Schulkinder, bei denen vor dem Eintritt des Kindes in die Schule beiläufig oder gezielt Kontakte zwischen Lehrkraft und Kind hergestellt werden. Das Gleiche gilt, wenn bei Hospitationen und gemeinsamen Angeboten Kontakte des Schulkindes mit der (früheren) Erzieherin hergestellt werden. Also bei Schulbesuchen der Kindergartenkinder und bei Besuchen der Schulkinder im Kindergarten bedarf es immer der Information und Zustimmung seitens der Eltern.

Ein Problem stellen Fragebögen dar, mit denen Kompetenzen des Kindes in irgendeiner Form erfasst werden sollen. Diese Instrumente erscheinen in einer Vielzahl von Formen; teils werden sie aus unüberprüfbaren Quellen selbst erstellt. Sie werfen vor allem zwei Probleme auf: (1) Aussagekraft und prognostischer Wert sind unbestimmt. (2) Der Umgang mit der Information ist unbestimmt; offen bleibt, inwieweit sie der bestmöglichen Aufgabenerfüllung zum Wohl und Nutzen der betroffenen Kinder erforderlich ist. Hierüber fehlt in aller Regel der überprüfbare Nachweis.

An dieser Stelle des Abfragens kindlicher Kompetenzen beim Übergang zeigt sich häufig eine einschränkende Strategie der Zusammenarbeit mit Eltern: Kontakt mit den Eltern wird vorwiegend dann aufgenommen, wenn Probleme des Kindes erwartet werden. Das bedingt eine defizitorientierte Perspektive, die das Vertrauen der Eltern in einen

positiven Verlauf der Bildungsbiographie ihrer Kinder und eine aktive
Beteiligung an der Schule eher entmutigen dürfte.

Statt den Datenschutz als Hindernis für eine gelingende Zusammenarbeit zwischen Kindertagesstätte und Grundschule anzusehen und zu
behandeln, sollte die notwendige Einbeziehung der Eltern positiv ange-
gangen und der Dialog mit den Eltern intensiviert werden. Das führt dazu, dass man Angebote für die Eltern ausbaut und gleichzeitig die
Kooperation zwischen den Bildungseinrichtungen voranbringt. Dies er-
scheint besonders aussichtsreich, wenn man von einem Verständnis des
Wechsels in die Schule als einem Übergang für das Kind und seine Familie ausgeht.

Angebote für Eltern ausbauen in Richtung auf ein Transitionsprogramm

Elternabende zum Thema „Vorbereitung auf die Schule" können als allgemein üblich gelten. In diesem Rahmen wird sowohl Organisatorisches
als zunehmend auch Inhaltliches zum Übergang in die Schule thematisiert. Außer der Mitteilung von Fristen und Bedarf an Materialien werden auch z. B. Sprachförderung und Vorbereitung von Lesen und
Schreiben im Kindergarten behandelt, die dann in der Schule weitergeführt werden. Dies wird nicht nur überzeugender, wenn die Schule an
eigenen Elternabenden auf die Bedeutung der vorschulischen Bildung
hinweist, sondern wenn Veranstaltungen gemeinsam durchgeführt werden und wenn auf die Verzahnung von Bildungsinhalten aufmerksam
gemacht wird. Vor allem wenn Eltern aus dem Kindergarten und Eltern,
deren Kinder schon die Schule besuchen, zusammen eingeladen werden,
sind Gespräche möglich, die Fragen, Erwartungen und Gefühle der Eltern im Übergang zu Eltern eines Schulkindes thematisieren. Eltern suchen Information und Unterstützung gern von anderen Eltern.

Auf einer nächsten Stufe des Ausgestaltens der Zusammenarbeit von
Kindertagesstätte und Schule können Angebote für die Kinder entwickelt werden, bei denen Schulwege und Schulgebäude erkundet werden. Bei Schulbesuchen in kleineren oder größeren Gruppen können die
Kinder einen Eindruck von der Schule gewinnen. Dies Angebot kann
über einen „Schnuppertag" hinausgehen, wenn die Kinder eingehender
Inhalte und Methoden des schulischen Lernens erfahren dürfen. Diese

können sich wieder auf so genannte schulnahe Vorläuferkompetenzen wie phonologische Bewusstheit, Schriftspracherwerb oder mathematische Grundkenntnisse beziehen oder aber darüber hinaus in weitere Bildungsangebote reichen.

In einer weiteren Stufe können Schulkinder in die Zusammenarbeit von Kindergarten und Grundschule eingebunden werden und in einem Peer-to-Peer-Ansatz Aktivitäten gestalten, die von den Fach- und Lehrkräften vorbereitet und unterstützt werden (Griebel/Niesel 2004, S. 172ff.; Bayerisches Staatsministerium für Arbeit und Sozialordnung, Familie und Frauen/Staatsinstitut für Frühpädagogik München 2006).

Die Einbindung und Beteiligung der Eltern an mehreren dieser Aktivitäten können in einer Weise durchgeführt werden, dass die Eltern Einblick sowohl in die Aktivitäten ihrer Kinder erhalten als auch in die Form der Zusammenarbeit der Bildungseinrichtungen. Dabei ist es günstiger, wenn Eltern als Akteure wahrgenommen werden, die selbst Übergänge bewältigen und parallel dazu Übergänge ihrer Kinder unterstützen. Die Kenntnis elterlicher Bewältigungsstrategien im Übergang kann dabei eine Hilfe sein.

Und schließlich können die Eltern im Sinne von Beteiligung – also Partizipation – in Planung, Durchführung und Auswertung von solchen Angeboten eingebunden werden. Wenn jahresübergreifend durch Zusammenarbeit aller Beteiligter ein Programm von Aktivitäten entsteht, dessen Ziele festgelegt sind und dem eine Verständigung über Herausforderungen und deren Bewältigung zugrunde liegt, wenn dieser Plan schriftlich fixiert und nach Überprüfungen fortgeschrieben wird, dann kann man von einem Transitionsprogramm sprechen (Griebel/Niesel 2004, S. 145 ff.).

Das Transitionsprogramm entsteht im besten Falle aus einem Verständigungsprozess, an dem nicht nur die Fach- und Lehrkräfte, sondern auch die Eltern beteiligt waren. Dort, wo entsprechende Kulturen der Zusammenarbeit entwickelt worden sind, wird in aller Regel von großer Zufriedenheit aller Beteiligter berichtet.

Praxisbeispiele für Kooperation beim Übergang in die Schule

Kindergarten und Grundschule „Hand in Hand"

Das veröffentlichte Projekt der Zusammenarbeit des St. Michael-Kindergartens mit der Albert-Schweitzer-Grundschule in Amberg/Bayern (Netta/Weigl 2006) wurde durch die Mitarbeit des Kindergartens als Erprobungseinrichtung für den bayerischen Erziehungs- und Bildungsplan angeregt und ist dort als Beispiel genannt (Bayerisches Staatsministerium für Arbeit und Sozialordnung, Familie und Frauen/Staatsinstitut für Frühpädagogik München 2006, S. 124 ff.). Die beteiligte Grundschullehrerin hat an einer Fortbildung für Multiplikator/innen zur Förderung der Zusammenarbeit von Grundschulen mit Kindergärten teilgenommen (Griebel/Niesel 2004, S. 157 ff.).

Vorhandene Ansätze der Kooperation sind ausgebaut und systematisiert worden. Als Projekt wurde eine regelmäßige, strukturierte Kooperation entwickelt und auf ein Kindergartenjahr bzw. Schuljahr ausgedehnt. Das einzelne Kind soll während der Übergangsphase begleitet und unterstützt werden. Der gelingende Übergang für das Kind ist gemeinsames Ziel und soll der Maßstab der Bemühungen sein. In einem Jahresplan werden die Aktivitäten zeitlich eingeordnet, die sich auf den Übergang zum Schulkind beziehen. Vorschläge für Aktivitäten werden als Bausteine beschrieben, die auf andere Standorte übertragen und in ihrer Reihenfolge wie auch in ihrer Ausgestaltung variiert werden können. Alle Beteiligten sollen einbezogen werden: das Vorschulkind, die Eltern, die Erzieherinnen, die Lehrkräfte, die Schulkinder, manchmal auch der Hausmeister.

Gegenstand der Zusammenarbeit ist ausdrücklich nicht nur Weitergabe von Wissen über das Kind. Die Neugier des Kindes selbst soll stattdessen geweckt und das Andere, Neue der Lebensumwelt Schule ihm vertraut gemacht werden. Bei der Schulhauserkundung beispielsweise fotografieren die Kinder selber und produzieren Material, über das sie sich später mit Erzieherinnen und Eltern, Lehrkräften und Schulkindern austauschen können. Für die Kinder entsteht über das Jahr hinweg ein Kooperationsbuch, in dem alle Aktivitäten und die Beteiligung des einzelnen Kindes festgehalten werden. Für alle Beteiligten wird ein Überblick in einem Jahreskalender gegeben.

Ältere Kinder, die schon die Schule besuchen, werden im Sinne eines

Peer-to-Peer-Ansatzes in Aktivitäten mit den angehenden Schulkindern eingebunden (vgl. Griebel/Niesel 2004, S.172 f.), die in größeren und kleineren Gruppierungen stattfinden.

Der Dialog mit den Eltern wird über Elternabende, Elternbriefe, Infowände und Fotopräsentationen hergestellt. Sie werden in die Einzelaktivitäten mit eingebunden. Zu nennen ist hier das Kennenlernen des Schulwegs und der Verkehrsregeln sowie die Kunsterziehung. Die Bausteine gehen inhaltlich übrigens über so genannte schulnahe Vorläuferkompetenzen wie phonologische Bewusstheit, Vorbereitung von Schriftspracherwerb und mathematischen Grundlagen hinaus. Die Eltern können sowohl ihr Kind im Übergang zum Schulkind unterstützen als auch sich selbst darauf vorbereiten, Eltern eines Schulkindes zu werden.

Innovativ ist die Anregung für die Eltern, beim Elternabend zu Beginn des letzten Kindergartenjahres – und damit des Jahres der Übergangsbegleitung – individuell ihrem Kind einen Brief mit guten Wünschen für das Vorschuljahr zu schreiben. Beim zweiten Elternabend, also am Ende des Jahres der engen Kooperation zur Übergangsbegleitung, werden sie eingeladen, ihrem Kind einen Brief mit guten Wünschen zum Schulstart zu schreiben. Eltern bringen ihre eigene Befindlichkeit zum Ausdruck, können sich darüber austauschen und sie reflektieren. Das eröffnet die Möglichkeit, darüber zu sprechen, dass Eltern nicht nur den Übergang ihres Kindes zum Schulkind begleiten, sondern selbst den Übergang zu Eltern eines Schulkindes erfahren. Mit den Eltern findet eine Abschlussbesprechung am Elternabend statt.

Bei der Schuleinschreibung kommt das Ergebnis des Kooperationsjahres zum Tragen: „Durch die intensive Zusammenarbeit von Erzieherinnen und Lehrkräften erübrigt sich eine Schuleinschreibung mit Lernstandserhebung im herkömmlichen Sinn. Die Pädagogen erleben die Vorschulkinder während eines ganzen Jahres in verschiedenen Projekten, gewinnen Eindrücke und erfahren Stärken und Schwächen des einzelnen Kindes. Die Lehrkräfte können sich dabei im Austausch mit den Erzieherinnen ein Bild von den künftigen Schulanfängern machen. Auch die Begleitung und Beratung der Eltern wird durch die Kooperation beider Einrichtungen intensiviert: Eltern erleben die Erzieherinnen und Lehrkräfte als Berater und Partner" (Netta/Weigl 2006, S. 54).

Zusammenarbeit der Kindertagesstätte „Tapferes Schneiderlein" und der Evangelischen Schule Lichtenberg in Berlin

Die Kinder in der Kindertagesstätte „Das tapfere Schneiderlein" in Berlin-Karlshorst (www.kita-karlshorst.de) lernen im letzten Kindergartenjahr eingehend kennen, was mit dem Schulbesuch auf sie zukommen wird. Die Kindertageseinrichtung hat ein Übergangsprogramm zusammen mit der Evangelischen Schule Lichtenberg (www.ev-schule-lichten berg.de) entwickelt. Die Kinder gehen in eigenen Lerngruppen in Werkstattarbeit gemeinsamen Interessen nach. Dabei verwenden sie Materialien, die es auch in der Schule geben wird, und erleben einen Zuwachs an Können, Wissen und Dürfen. Sie gestalten den Prozess des Übergangs durch feste Rituale und bewussten Rollenwechsel zum Schulkind. Sie lernen den Schulweg und die Schule mit Kindern, Lehrerinnen und Lehrern, Materialien und Methoden bei Besuchen kennen, entdecken Bekanntes und entwickeln Neugier und Vorfreude auf die Schule. Sicherheit wird gegeben und Ängste werden abgebaut. Über Einladungen zum Frühlingsfest, zur Zukunftswerkstatt und zu Gottesdiensten werden Einblicke vermittelt, Gemeinsamkeiten erlebt und Beziehungen aufgebaut. Vorbereitung und Durchführung des Sommerfestes und des Abschiedsfestes im Kindergarten helfen, den Prozess des Übergangs zum Schulkind bewusst zu erleben.

Die angehenden Schulkindeltern tauschen sich auf zwei Elternabenden gezielt aus zu Übergängen, zu Kompetenzen der Kinder, zu Aufgaben von Kindertageseinrichtung und Schule bei deren Zusammenarbeit sowie zu Konzepten von Schulen in der näheren Umgebung. Eltern erhalten Informationen und Sicherheit sowie Hilfen dabei, Eltern eines Schulkindes zu werden. In Elterngesprächen im vorletzten und letzten Halbjahr des Kita-Besuchs werden eingehend Entwicklungs- und Bildungsverlauf der Kinder besprochen, um im Bedarfsfall gezielte Angebote für das einzelne Kind organisieren zu können und Kind und Eltern im Übergang zur Schule zu begleiten.

In der Schule werden gemeinsame Gespräche mit den Eltern und dem Kind geführt, bei denen es wiederum um das Kennenlernen der Schule, um gegenseitige Erwartungen und Wünsche geht. Ein thematischer Elternabend in der Schule informiert über das schulische Konzept, über konkrete Abläufe sowie über pädagogische und methodische Fragen wie offenen Unterricht und Schrifterwerb. Die Eltern, deren Kinder den Kindergarten verlassen, verabschieden sich im Rahmen des Sommerfests mit einem eigenen Programm. Zusammen mit ehemaligen Kita-Eltern und -Kindern wird der Einschulungstag einschließlich Gottesdienst vorbereitet, mit dem die Kinder und Eltern in der neuen Umgebung willkommen geheißen werden.

Als besondere Stärke dieses Ansatzes wird die kindorientierte Gestaltung erlebt, bei der die Kinder am gesamten Prozess partizipieren. Die Eltern werden als aktive Bewältiger des Übergangs gesehen, woraus sich ein konstruktives Zusammenwirken entwickelt. Der intensive fachliche und persönliche Austausch der Pädagoginnen und Pädagogen erhöht die Akzeptanz untereinander und wirkt auf den jeweiligen Arbeitsbereich zurück.

Das in einem Vertrag schriftlich festgelegte Konzept der Zusammenarbeit und des Austausches hat dem „Tapferen Schneiderlein" und der Evangelischen Schule Lichtenberg 2005 den 1. Preis „Dreikäsehoch" der Bertelsmann Stiftung eingetragen. Es basiert auf dem Transitionsansatz, wie er im Bayerischen Erziehungs- und Bildungsplan enthalten ist (Bayerisches Staatsministerium für Arbeit und Sozialordnung, Familie und Frauen/Staatsinstitut für Frühpädagogik München 2006).

Zusammenfassung

Der Transitionsansatz ist geeignet, die Prozesse des Übergangs im Einzelnen und in der Familie abzubilden, wenn das Kind in die Einrichtung kommt und wenn es von der Kindertagesstätte in die Schule wechselt. Konsequenzen für pädagogisches Handeln lassen sich daraus ableiten. Diese ergeben sich für die Unterstützung des Kindes ebenso wie für die Zusammenarbeit der Bildungseinrichtungen untereinander und vor allem für die Kommunikation mit den Eltern und ihre Beteiligung bei der Gestaltung des Übergangs. Entsprechende Grundlagen und praktische Anregungen wurden u. a. in die Erziehungs- und Bildungspläne der Länder Bayern und Hessen aufgenommen.

Literatur

Bayerisches Staatsministerium für Arbeit und Sozialordnung, Familie und Frauen/ Staatsinstitut für Frühpädagogik München: Der Bayerische Erziehungs- und Bildungsplan für Kinder in Tageseinrichtungen bis zur Einschulung. Weinheim, Basel: Beltz, 2. Aufl. 2006

Fthenakis, W.E.: Zur Neukonzeptualisierung von Bildung in der frühen Kindheit. In: Fthenakis, W.E. (Hrsg.): Elementarpädagogik nach PISA. Wie aus Kindertagesstätten Bildungseinrichtungen werden können. Freiburg: Herder, 5. Aufl. 2006, S. 18–37

Griebel, W./Niesel, R.: Abschied vom Kindergarten, Start in die Schule. München: Don Bosco 2002

Griebel, W./Niesel, R.: Transitionen. Fähigkeit von Kindern in Tageseinrichtungen fördern, Veränderungen erfolgreich zu bewältigen. Weinheim: Beltz 2004

Netta, B./Weigl, M.: Hand in Hand. Das Amberger Modell – ein Kooperationsprojekt für Kindertagesstätten und Grundschulen. Oberursel: Finken 2006

Niesel, R./Griebel, W.: Start in den Kindergarten. Grundlagen und Hilfen zum Übergang von der Familie in die Kindertagesstätte. München: Don Bosco 2000

Martin R. Textor

Früherkennung – Kooperative Elternberatung und Weitervermittlung

Kindertageseinrichtungen kommt eine große Bedeutung hinsichtlich der Früherkennung zu: Erzieherinnen können aufgrund ihrer entwicklungspsychologischen Kenntnisse und praktischen Erfahrungen Verhaltensauffälligkeiten, Entwicklungsrückstände oder (drohende) Behinderungen feststellen, die z. B. Eltern mangels Vergleichsmöglichkeiten mit gleichaltrigen Kindern nicht entdeckt haben oder Ärzte bei den zeitlich sehr begrenzten Vorsorgeuntersuchungen nicht diagnostizieren konnten. Bevor sie aber die Eltern davon unterrichten, sollten sie die eigenen Beobachtungen zunächst mit der zweiten Fachkraft in der Kindergruppe und/oder im Team besprechen. Hier wirkt sich positiv aus, wenn in der Kindertageseinrichtung mit Formen der inneren Öffnung gearbeitet wird, da dann alle Kolleginnen das jeweilige Kind kennen. Auf diese Weise kann die eigene Einschätzung von Entwicklung und Verhalten des auffälligen Kindes überprüft werden.

Bestehen weiterhin Unsicherheiten, können Instrumente für die Früherkennung wie der Beobachtungsbogen zur Erfassung von Entwicklungs- und Verhaltensauffälligkeiten bei Kindergartenkindern (BEK; Mayr 1998), die diagnostischen Einschätzskalen (DES; Barth 1998), die Beobachtungsbögen von Pfluger-Jakob (1994) oder der Individuelle Förder- und Entwicklungsplan nach Eggert (siehe Willenbring 2004) hinzugezogen werden. Schließlich besteht die Möglichkeit, mit einem psychosozialen Dienst wie einer Frühförder- oder Erziehungsberatungsstelle Kontakt aufzunehmen, den Fall anonym zu schildern und den Rat der dort tätigen Fachleute einzuholen.

Sind Erzieherinnen aufgrund ihrer entwicklungspsychologischen Kenntnisse, nach Auswertung der Beobachtungsbögen und/oder nach Rücksprache mit Kolleginnen bzw. Fachleuten weiterhin der Meinung, dass ein Kind verhaltensauffällig, sprachgestört, entwicklungsverzögert oder von Behinderung bedroht ist, sollte zunächst geprüft werden, in-

wieweit ihm mit den Möglichkeiten der Kindertageseinrichtung geholfen werden kann:

■ Reichen die in Kindertagesstätten üblichen Erziehungsmittel bzw.
-methoden aus, um das Kind positiv zu beeinflussen?

■ Ist eine intensivere heilpädagogische Förderung des Kindes durch
Einzelbetreuung oder in einer Kleingruppe (z. B. zu besuchsschwa-
chen Zeiten) möglich und ausreichend?

■ Inwieweit können die anderen Kinder eingesetzt bzw. kann die Gruppendynamik genutzt werden, um dem Kind zu helfen?

■ Muss das pädagogische Angebot verändert oder der Tagesablauf anders strukturiert werden, um den Bedürfnissen dieses und anderer
Kinder besser gerecht werden zu können?

■ Sind organisatorische Veränderungen sinnvoll, wie z. B. der Wechsel
des Kindes in eine andere Gruppe?

Wenn die eigenen Möglichkeiten nicht ausreichen, ist es notwendig, so
schnell wie möglich ein Elterngespräch anzuberaumen. Es sollten nicht
nur die Mütter eingeladen werden, um Folgendes zu vermeiden: „Am
Gespräch nicht beteiligte Väter verstehen es oft nur allzu gut, mögliche
Auffälligkeiten ihres Kindes zu verharmlosen oder die Gründe hierfür
allein im falschen Erziehungsverhalten der Mutter zu suchen" (Dusolt
2001, S. 91). Bei traditionell orientierten Migrantenfamilien haben zudem nur die Väter Entscheidungsbefugnisse, sodass Gespräche mit den
Müttern häufig wenig ergiebig sind.

Das Beratungsgespräch

Wenn mit den Eltern ein Termingespräch geführt werden soll, so gilt generell, dass dieses leichter gelingt, wenn bereits eine vertrauensvolle Erziehungspartnerschaft besteht. Hier wird die große Bedeutung einer guten
Zusammenarbeit mit den Eltern deutlich: Haben Eltern im Kontext vielfältiger Angebote Kontakt zu den Erzieherinnen gehabt, konnten sie in
der Kindertageseinrichtung hospitieren, haben sie viele Tür-und-Angel-
Gespräche und einige Entwicklungsgespräche mit den Fachkräften geführt, dann werden sie ihnen eher vertrauen, sich eher öffnen und eher
auf ihren Rat hören.

Aber auch bei einer guten Beziehung zu den Eltern ist es für viele Erzieherinnen belastend, sie über die Auffälligkeiten, Entwicklungsrück-

stände oder (drohende) Behinderung ihres Kindes zu informieren und ihnen die Notwendigkeit einer zusätzlichen Förderung oder Beratung durch Dritte nahe zu bringen. Hinzu kommt, dass sie in diesen Situationen oft erlebt haben, dass Eltern aggressiv reagiert, die Fachkraft für die Probleme des Kindes verantwortlich gemacht und sie kritisiert haben. Solche Reaktionen sollten aber als Teil eines Verarbeitungsprozesses auf Seiten der Eltern gesehen und nicht überbewertet werden. Auch lassen sie sich zumeist vermeiden, wenn Erzieherinnen

- möglichst früh den Kontakt zu den Eltern suchen – solange die Probleme noch „klein" sind,

- das Gespräch an einem ruhigen Ort, möglichst in einer Sitzecke (bei mehreren Personen Sitzgelegenheiten kreisförmig anordnen, sonst über Eck setzen), führen, sich genügend Zeit nehmen und für eine entspannte Atmosphäre sorgen,

- zu Beginn eines solchen Gesprächs positive Seiten des Kindes schildern sowie Wertschätzung und Zuneigung für das Kind ausdrücken,

- die erzieherischen Leistungen der Eltern würdigen und immer wieder betonen, dass Familie *und* Kindertagesstätte nur das Beste für das jeweilige Kind wollen,

- ihre eigenen Beobachtungen und ihre eigene Betroffenheit in der Ichform vortragen („*Ich* erlebe Ihr Kind in der und der Situation so und so. Dann habe *ich* die und die Schwierigkeiten mit ihm und reagiere so oder so"), sodass sich die Eltern nicht angegriffen fühlen,

- die Eltern zur Mitteilung eigener Beobachtungen motivieren („Kennen Sie dieses Verhalten aus Ihrer Familie oder aus anderen Situationen?") und sie um mögliche Erklärungen bitten („Was könnten die Ursachen für solche Auffälligkeiten sein?"),

- akzeptieren, dass Eltern eventuell die Situation anders sehen bzw. erleben, da jeder Mensch in einer subjektiven Welt lebt, die von seinen individuellen Wahrnehmungen, Erfahrungen und Bedürfnissen geprägt ist, und da sich das Kind im System „Familie" durchaus ganz anders verhalten mag als im System „Kindertagesstätte",

- den Eltern aktiv zuhören, also auf ihre Gedanken und Emotionen eingehen, diese zurückreflektieren und akzeptieren, sodass sich die Eltern verstanden fühlen, sich nicht verteidigen müssen, weniger Schuldgefühle entwickeln und sich dann leichter mit den Problemen ihres Kindes befassen können,

- bisherige Versuche in Kindertageseinrichtung und Familie, auf die Auffälligkeiten des Kindes positiv einzuwirken, offen erörtern und die Bemühungen der Eltern würdigen,
- den Eltern mit Wertschätzung und Respekt begegnen und immer davon ausgehen, dass sie es gut mit ihrem Kind meinen und es richtig erziehen wollen,
- die Eigenständigkeit, die Rechte und die Erziehungsverantwortung der Eltern achten, aber zugleich auch Gemeinsamkeiten betonen („Wir wollen *beide* das Beste für Ihr Kind!", „Was können wir *gemeinsam* machen?"),
- immer sachlich, freundlich, geduldig und hilfsbereit bleiben (auch wenn die Eltern wütend oder verärgert reagieren), sich also professionell verhalten.

Wird dementsprechend reagiert, ist schnell eine kooperative Beziehung hergestellt – insbesondere wenn auch die Eltern Probleme mit ihrem Kind haben: Gemeinsam wollen Erzieherin und Eltern das Verhalten des jeweiligen Kindes verändern. Dabei können sie entsprechend der Stufen des so genannten „Problemlösungsprozesses" vorgehen:

1. *Problemdefinition:* genaue Beschreibung der Verhaltensauffälligkeit oder der Erziehungsschwierigkeit; Eltern *und* Erzieherin müssen diese Definition akzeptieren.
2. *Suche nach den Ursachen des Problems:* Bestimmung vorausgehender und nachfolgender Ereignisse und Verhaltensweisen, von Auslösern und Verstärkern; Suche nach problematischen Strukturen und Erziehungsfehlern in Kindertageseinrichtung und Familie.
3. *Zielbestimmung:* Festlegung realistischer Ziele für den Problemlösungsprozess.
4. *Suche nach allen denkbaren Lösungsmöglichkeiten:* Brainstorming; anschließend Beurteilung der Vor- und Nachteile sowie möglicher Umsetzungsschwierigkeiten.
5. *Auswahl der voraussichtlich besten Alternative:* danach Planung der Umsetzung sowie Ermittlung benötigter Ressourcen und möglicher Widerstände.
6. *Umsetzung der Alternative:* in Familie und/oder Kindergarten; dabei gegenseitige Unterstützung und Hilfestellung.
7. *Erfolgskontrolle:* Überprüfung der Effektivität des Problemlösungsversuches.

Insbesondere wenn sich bei der Ursachenanalyse (Schritt 2) herausstellt, dass sich vor allem die andere Seite ändern muss, sollten sich die Erzieherin bzw. die Eltern zurückhalten und ihren Gesprächspartner selbst nach Lösungsmöglichkeiten suchen lassen. So zeigen sie, dass sie ihm zutrauen, dass er seine Probleme selber lösen und sein Verhalten selbst ändern kann. Er übernimmt dann in der Regel mehr Verantwortung und bemüht sich stärker um einen Erfolg.

Die Erzieherin bzw. die Eltern beschränken sich dann vor allem auf die Unterstützung und Beratung des Gesprächspartners beim Durchlaufen der folgenden Stufen des Problemlösungsprozesses. Sie helfen beim Analysieren der Gesamtsituation und beim Strukturieren von Informationen, regen neue Sichtweisen an, geben Tipps zum Umsetzen von Lösungsmöglichkeiten, motivieren zu konkreten Verhaltensänderungen, ermutigen bei Ängsten und Zweifeln, führen bei Abschweifungen zum Problem zurück usw.

In diesen Fällen – aber auch wenn beide Seiten aktiv werden müssen – sind eventuell mehrere Besprechungen nötig, um Probleme bei der Umsetzung der Lösungsstrategie zu diskutieren, eine andere, erfolgversprechendere Alternative auszusuchen oder neu aufgetretene Schwierigkeiten zu klären.

Emotionen in Schach halten

Bevor es zu einem Gespräch mit den jeweiligen Eltern über ein verhaltensauffälliges oder erziehungsschwieriges Kind kommt, haben sich bei Erzieherinnen häufig Gefühle der Frustration, Verärgerung und Unzufriedenheit angesammelt. Oft liegt es nahe, die Eltern verantwortlich zu machen und ihnen die Schuld für das Verhalten ihres Kindes zuzuweisen. Identifiziert sich die Erzieherin mit der Not des Kindes und hat sie Mitleid mit ihm, mag sie aus ihrer emotionalen Parteilichkeit heraus ebenfalls die Eltern beschuldigen. Schuldzuweisungen werden aber von den Eltern – zu Recht – als Angriff verstanden und mit einer Verteidigungshaltung bzw. einem Gegenangriff beantwortet. Da dann leicht ein ineffektives Streitgespräch entsteht, das die Erziehungspartnerschaft stark beeinträchtigt, sind Schuldzuschreibungen seitens der Erzieherinnen zu vermeiden.

Aber selbst wenn sie nicht beschuldigt werden, reagieren einige Eltern mit Wut und verbalen Angriffen. Sie mögen trotzdem das Gefühl haben, dass sie für die Verhaltensauffälligkeiten verantwortlich gemacht werden – und wenn nicht von der Erzieherin, dann vielleicht vom Partner, den Großeltern oder dem sozialen Umfeld. Oder sie fühlen, dass sie selbst zu den Problemen beigetragen haben, wollen sich dies aber nicht eingestehen, denn niemand will sich gerne als „Versager" in der Erziehung seines Kindes „outen". Ferner reagieren manche Eltern mit Kritik und Schuldzuschreibungen, wenn sie den Eindruck haben, dass ihr Kind in der Kindertageseinrichtung nicht genügend gefördert oder falsch behandelt wird und sich deshalb problematisch verhält.

Besteht die Gefahr, dass es aus dieser Situation heraus zu einem „Konfliktgespräch" kommen könnte, sollte die jeweilige Erzieherin die Besprechung möglichst mit der Kollegin, der Leitung oder im Team vorbereiten. Gemeinsam wird eine Strategie für das Elterngespräch festgelegt, wobei auf die Erfahrungen der Kolleginnen zurückgegriffen werden kann. Unter Umständen kann das Gespräch in einem Rollenspiel geübt werden. Außerdem können im Team die eigenen Emotionen reflektiert werden (z. B. Enttäuschung über die mangelnde Kooperationsbereitschaft der Eltern, Verletzung durch Kritik der Eltern, Schuldgefühle gegenüber dem Kind).

Bevor ein Gespräch über die „Probleme" eines Kindes oder die „Fehler" einer Erzieherin bzw. der Eltern geführt wird, sollten sich Fachkräfte zunächst einmal ihrer Gefühle bewusst werden und sich von ihnen distanzieren. Sie sollten zu einer Grundhaltung gelangen, die es ihnen erlaubt, Verständnis für die andere Seite zu empfinden. Wichtig ist auch, sich bewusst zu machen, dass nicht die Fachkraft das erzieherische Verhalten der Eltern oder deren Beziehung zum Kind verändern kann. Vielmehr müssen die Eltern selber aktiv werden. Diese sind aber am ehesten offen für eine Reflexion der Familienerziehung oder für Ratschläge, wenn sie sich akzeptiert und verstanden fühlen.

Vermittlung von Hilfsangeboten

Sind Erzieherinnen in Beratungsgesprächen an ihre Grenzen gelangt, reichen die Möglichkeiten von Kindertageseinrichtung und Eltern nicht aus, können die Auffälligkeiten nicht genau erfasst werden, sind ihre Ursachen unbekannt oder für Erzieherinnen nicht zugänglich, sind Störungen oder Behinderungen stark ausgeprägt (usw.), dann ist in der Regel

die Weitervermittlung des Kindes und seiner Eltern an einen spezialisier-
ten Dienst bzw. dessen Einbindung angezeigt. Dasselbe gilt für die Fälle,
bei denen sich im Elterngespräch herausstellt, dass die Ursachen für
Probleme in der Familiensituation liegen (z. B. Trennung/Scheidung,
Arbeitslosigkeit eines Elternteils, Geburt eines behinderten Kindes)
oder die Eltern von sich aus die Erzieherin wegen derartiger Belastungen
angesprochen haben.

Je nach Problematik können die Familien z. B. an Erziehungs-, Ehe-
und Familienberatungsstellen, Psychotherapeuten, Frühförderstellen,
Ausländer-, Gesundheits-, Wohnungs-, Sozial- und Jugendämter, Ärzte,
Logopäden, Ergotherapeuten, ambulante heil- bzw. sonderpädagogische
Dienste, schulvorbereitende Einrichtungen, heilpädagogische Tagesstätten, Schwangereren-, Schuldner- und Sozialberatungsstellen, sozialpfle-
gerische Dienste oder Selbsthilfegruppen weitervermittelt werden (die
Einrichtungen werden beschrieben in: Textor/Winterhalter-Salvatore
1999). Allerdings können Erzieherinnen nur Empfehlungen ausspre-
chen – ob Eltern entsprechend handeln, sich bei einem psychosozialen
Dienst beraten oder dort ihr Kind untersuchen und therapieren lassen,
ist von diesen zu entscheiden.

Akzeptieren Eltern, dass ihr Kind oder sie selbst Hilfe durch psycho-
soziale Dienste benötigen, sollte die Erzieherin in Frage kommende Angebote möglichst genau schildern. Dabei dürfen nicht für das Kind oder
die Familie nach Meinung der Erzieherin geeignete Maßnahmen wie
z. B. Spiel- oder Familientherapie beschrieben werden – die Mitarbeiter/
innen des jeweiligen psychosozialen Dienstes sind für deren Auswahl
(wie auch für die Diagnose) zuständig –, sondern die in Frage kommenden Einrichtungen sollten allgemein hinsichtlich der Aufgaben, Arbeits-
schwerpunkte und Verfahren dargestellt werden (analog der Informationen, die in Faltblättern, Broschüren oder Jahresberichten enthalten sind
oder die von der Erzieherin bei früheren Kontakten erlangt wurden).
Zudem können persönlich bekannte Ansprechpartner benannt und Fragen der Eltern hinsichtlich der Vorgehensweise (telefonische Kontaktaufnahme, Terminvereinbarung, Erstgespräch, Anamnese usw.) beantwortet werden.

Die Besprechung sollte möglichst mit einer konkreten Entscheidung
enden („Die Eltern melden sich jetzt bei der Erziehungsberatungsstelle
an!" – „Die Kinderkrippe lädt eine Mitarbeiterin der Frühförderstelle

in die Gruppe ein, damit sie das Kind beobachtet und eine Diagnose erstellt!"). Kann eine solche Vereinbarung nicht erreicht werden, sollte ein weiteres Gespräch vereinbart oder angekündigt werden („Wir sollten dies alles nochmals überdenken und uns dann wieder treffen!"). Sind die Eltern auf Dauer uneinsichtig, sollten ihnen die Konsequenzen verdeutlicht werden, wenn auf eine Beratung oder Behandlung verzichtet wird (z. B. Verfestigung der Störungen, Zurückstellung bei der Einschulung, eventuell Besuch einer Sondereinrichtung oder Förderschule).

Ist die Ablehnung der Eltern jedoch durch „Schwellenangst", Unsicherheit u. Ä. zu erklären, kann z. B. das Erstgespräch in der Kindertagesstätte stattfinden. Hier können sie in einer gewohnten Umgebung und in Anwesenheit der ihnen vertrauten Erzieherin mit einem Mitarbeiter eines psychosozialen Dienstes sprechen. Alternativ kann die Erzieherin die Eltern zum Erstgespräch in der Beratungsstelle, beim Jugendamt usw. begleiten. Mitarbeiter/innen – insbesondere mobiler – psychosozialer Dienste können aber auch in die Kindertageseinrichtung kommen, um das jeweilige Kind in der Gruppe zu beobachten, mit den Erzieherinnen und Eltern gemeinsam eine Hilfsmaßnahme zu planen und/oder die Behandlung des Kindes in der Kindertagesstätte durchzuführen. Hier bleibt das Kind in der ihm vertrauten Umgebung.

Eine Behandlung des Kindes in der Einrichtung ist oft der einzige Weg, wie Kindern berufstätiger Eltern, von (erwerbstätigen) Alleinerziehenden oder von nicht motorisierten Eltern (auf dem Land, bei schlechter Anbindung an öffentliche Verkehrsmittel) geholfen werden kann, die nicht zum psychosozialen Dienst gebracht werden können. Dasselbe gilt für Fälle, wo Eltern wenig Problembewusstsein oder eine so große Schwellenangst haben, dass sie ihr Kind nicht bei einem Fachdienst vorstellen würden.

Fazit

Beratungsgespräche mit Eltern gehören zu den schwierigsten Aufgaben von Erzieherinnen. Aber gerade hier kann sich Erziehungspartnerschaft in einer intensiven Zusammenarbeit von Erzieherinnen und Eltern realisieren: Beide Seiten versuchen, dem jeweiligen Kind in seiner problematischen Situation zu helfen bzw. seine Entwicklungsbedingungen zu verbessern. In mehr oder minder langen Gesprächen, die der Absprache und Abstimmung dienen, werden gemeinsam Strategien entwickelt, die dann von beiden Seiten umgesetzt werden. Oder es werden der Familie Ressourcen erschlossen, mit deren Hilfe sich Probleme und Belastungen besser bewältigen lassen. Gelingen die gemeinsamen Anstrengungen, so können Erzieherinnen hier ihre größten Erfolge erleben – denn was gibt es Schöneres zu beobachten, als wenn die Sprachstörungen, Entwicklungs- bzw. Verhaltensauffälligkeiten eines (Klein-)Kindes reduziert werden und es sich wieder „normal" entwickelt?

Literatur

Barth, K.: Die diagnostischen Einschätzskalen (DES) zur Beurteilung des Entwicklungsstandes und der Schulfähigkeit. München, Basel: Reinhardt 1998

Dusolt, H.: Elternarbeit. Ein Leitfaden für den Vor- und Grundschulbereich. Weinheim, Basel: Beltz 2001

Mayr, T.: Beobachtungsbogen für Verhaltens- und Entwicklungsauffälligkeiten bei Kindergartenkindern (BEK). München: Staatsinstitut für Frühpädagogik 1998

Pfluger-Jacob, M.: Ein Kind fällt auf. Auditive Wahrnehmung und Sprache. Kindergarten heute 1994, 24 (9), S. 16–24

Textor, M. R./Winterhalter-Salvatore, D.: Hilfen für Kinder, Erzieherinnen und Eltern. Vernetzung von Kindertageseinrichtungen mit psychosozialen Diensten. München: Bayerisches Staatsministerium für Arbeit und Sozialordnung, Familie, Frauen und Gesundheit 1999 (www.stmas.bayern.de/kinderbetreuung/tageseinrichtungen/hilfen-kee.pdf)

Willenbring, M.: „Problemkinder" einschätzen und beobachten. Pädagogische Beobachtungshilfen in Kindergarten und Hort. In: Textor, M.R. (Hrsg.): Verhaltensauffällige Kinder fördern. Praktische Hilfen für Kindergarten und Hort. Weinheim, Basel: Beltz, 3. Aufl. 2004, S. 40–62

Martin R. Textor

Im Dialog bleiben – Elterngespräche erfolgreich führen

In den vorausgegangenen Beiträgen wurden Tür-und-Angel-Gespräche sowie Anmelde-, Entwicklungs- und Beratungsgespräche beschrieben, und ihre Bedeutung für die Erziehungspartnerschaft zwischen Kindertageseinrichtung und Familie wurde betont. Nun sollen Grundsätze der Gesprächsführung skizziert werden, die zu einem positiven Gesprächsverlauf beitragen. Ferner wird auf die Sonderfälle von Konfliktgesprächen und Beschwerden eingegangen.

Die Kommunikation

Als Kommunikation wird der Austausch von Botschaften bezeichnet, wobei die Gesprächspartner abwechselnd „Sender" oder „Empfänger" sind. Die Mitteilungen werden verbal und nonverbal übermittelt, sodass man manchmal „inkongruente", d. h. widersprüchliche Botschaften sendet (z. B. wenn man während eines Streitgesprächs sagt: „Aber ich will Ihnen doch nur helfen!" und dabei ablehnend schaut, weil man eigentlich das Gespräch am liebsten abbrechen würde). Das Gegenüber nimmt gleichzeitig die verbalen und nonverbalen Botschaften vor allem über das Gehör und das Auge wahr und dekodiert bzw. verarbeitet sie unter Hinzuziehung von (Vor-)Erfahrungen mit dieser oder vergleichbaren Personen, von (Rollen-)Erwartungen, Werten, Einstellungen, aktuellen Bedürfnissen, Emotionen usw. Dieser zumeist unbewusst ablaufende Verarbeitungsprozess bedingt, dass die Mitteilungen eigentlich nie so verstanden werden, wie sie gesendet wurden – sie werden immer interpretiert (selbst eine als Tatsachenfeststellung gemeinte und eigentlich unverfängliche Aussage wie „Es ist jetzt 11 Uhr" kann z. B. verstanden werden als „Jetzt haben Sie mich lange genug aufgehalten, verschwinden Sie endlich!"). Dementsprechend kann dann die Reaktion des Empfängers für den Gesprächspartner unverständlich sein (z. B. wenn die Person dann mit „Oh, jetzt muss ich aber gehen" und einem erschreckten Gesichtsausdruck reagiert). Die Komplexität der Kommunikation lässt somit leicht Missverständnisse aufkommen ...

Generell werden verschiedene Ebenen der Kommunikation unterschieden:

- die *verbale Botschaft*: eine Information über sich selbst, den anderen, eine dritte Person, die Situation, ein Objekt usw.,
- die dahinter liegende *Absicht*: was der Sender mit der Mitteilung erreichen will, wozu er den Gesprächspartner beeinflussen will, was dieser tun oder fühlen soll usw.,
- die *nonverbalen Botschaften*: Informationen über den Sender – z. B. über seinen Gefühlszustand, seine Ansprechbereitschaft, sein Selbstwerterleben –, die über Gesichtsausdruck, Körperhaltung, Gestik, Tonfall, Lautstärke usw. vermittelt werden,
- die *Beziehung*: ihre Definition und die gerade vorherrschenden Emotionen bestimmen mit, wie eine Botschaft verstanden wird (es macht z. B. einen Unterschied, ob dieselbe Mitteilung an Eltern, ein Kind oder den Träger gesendet wird, ob der Sender die Person lange kennt oder nicht, ob die Beziehung generell konflikthaft ist oder nicht),
- der *Kontext*: die Situation, in der sich Sender und Empfänger befinden (ein Gespräch über ein Kind verläuft anders, wenn Erzieherin und Eltern ungestört sind als wenn sie sich in der Gruppe befinden).

Dementsprechend muss der Empfänger immer wieder interpretieren: Was will mir der Sender mitteilen? (verbale Botschaft) – Was will er von mir, was soll ich tun? (dahinter stehende Absicht) – In welchem Zustand befindet sich der Sender? (nonverbale Botschaften) – Wie sieht er unser Verhältnis? (Beziehung) – Inwieweit bestimmt die Situation seine Botschaft? (Kontext). Diese Analyseleistung kann natürlich keine Person innerhalb der Sekundenbruchteile leisten, die ihr zur Verfügung steht, bis sie reagieren muss. Deshalb kann man Kommunikation mit einem Eisberg vergleichen: Wir sehen nur die Spitze des Eisbergs bzw. nur einen Bruchteil der während eines Gesprächablaufs gesendeten Informationen.

Wenn Erzieherinnen sich diese Komplexität von Kommunikation bewusst machen, werden sie leichter verstehen, dass Eltern manchmal ganz anders reagieren als erwartet. Sie sollten deshalb immer die kognitiven, emotionalen, sozialen und situativen Aspekte von Kommunikation zu berücksichtigen und zu gestalten versuchen.

Die Gesprächsführung

Als besonders wichtig für eine positive Gesprächsführung gelten die folgenden Grundhaltungen:

- *Gesprächsbereitschaft und Geduld:* Für ein gutes Gespräch müssen sich beide Seiten Zeit nehmen. Dem Gegenüber sollte der Eindruck vermittelt werden, dass es im Augenblick kein wichtigeres Anliegen als das seinige gibt.
- *Vertrauen:* Beide Seiten müssen die Gewissheit haben, dass das Gespräch vertraulich ist und ihre Aussagen nicht anderen Menschen zugetragen werden. Nur dann werden sie über sich selbst sprechen und offen diskutieren. Das wird in der Regel aber noch nicht bei den ersten Gesprächen der Fall sein, da die Entwicklung von Vertrauen Zeit braucht. Sollen Gesprächsinhalte Dritten zugänglich gemacht werden, muss dieses angesprochen und um Zustimmung gebeten werden (Datenschutz).
- *Wertschätzung und Respekt:* Die jeweils andere Seite sollte den Eindruck gewinnen, dass sie als Person geschätzt wird, dass sie geachtet wird und ihr positive Gefühle entgegengebracht werden. So wird ihr mit Höflichkeit, Achtung, Bestätigung, Wärme und Zuwendung begegnet. Die Sichtweisen, Empfindungen und Werte des Gegenübers werden akzeptiert und nicht an den eigenen Vorstellungen und Normen gemessen (Toleranz). Höchstens einzelne Verhaltensweisen werden problematisiert.
- *Einfühlsames Verstehen („Empathie"):* Die Gesprächspartner interessieren sich für die subjektive Welt der anderen Seite und zeigen Verständnis. Sie versuchen, sich in die Person und Situation ihres Gegenübers hineinzuversetzen. Dadurch erleichtern sie es ihm, seine Gefühle offen auszudrücken und nicht hinter „Sachaussagen" verbergen zu müssen.
- *Offenheit und Echtheit:* Die Gesprächspartner verstecken sich nicht hinter einer Fassade, sondern reagieren als Person, öffnen sich selbst, bringen ihre Gedanken und Gefühle aufrichtig in klaren Aussagen zum Ausdruck. Sie antworten unmittelbar, spontan und ehrlich auf das Gehörte. Verbale Botschaft, Gesichtsausdruck und Körperhaltung stimmen überein („Kongruenz").

■ *Achtung vor der Eigenständigkeit und Selbstverantwortung der jeweils anderen Seite:* Verhaltensänderungen können wohl angeregt werden, aber nur der Gesprächspartner kann sich selbst ändern. So wird Vertrauen in seine Fähigkeit zur Selbsthilfe gezeigt, statt sein Problem zum eigenen zu machen und schließlich als „hilfloser Helfer" an ihm zu scheitern. Zugleich wird Verantwortung für das eigene Handeln und Erleben, die eigenen Bedürfnisse, Einstellungen und Emotionen übernommen.

Diesen Grundhaltungen entsprechen bestimmte Gesprächstechniken. Dazu gehört beispielsweise das „aktive Zuhören", das sich auch in Körperhaltung und Mimik zeigt. Hier nimmt der Gesprächspartner nicht nur auf, was gesagt wurde, sondern bemüht sich auch zu verstehen, was gemeint ist. So akzeptieren die Erzieherinnen zunächst einmal die Gedanken, Gefühle, Bedürfnisse, Wünsche und Einstellungen der Eltern und stellen zugleich ihre eigenen Reaktionen, ihre Meinungen, Wertungen und Emotionen zurück. Dann versuchen sie, das Gesagte mit eigenen Worten wiederzugeben und dabei vor allem auf die emotionalen Inhalte einzugehen (Rückmeldung/Feedback). Bei einem solchen Verhalten erfährt der Gesprächspartner, wie seine Aussagen beim anderen angekommen sind. Missverständnisse können sofort ausgeräumt und notwendige Zusatzinformationen gegeben werden.

Durch das aktive Zuhören, bei dem bewusst auf eigene Meinungsäußerungen, Kritik und Ratschläge verzichtet wird, fühlen sich die Eltern verstanden, ernst genommen und akzeptiert. Sie werden zum Weiterreden und Nachdenken angeregt. Oft entwickeln sie dann selbst Ideen, wie sie zu einer Verbesserung der Erziehung und Bildung ihres Kindes beitragen oder wie sie Probleme lösen können.

Eine andere wichtige Gesprächstechnik wird als „Ich-Botschaft" bezeichnet. Die Erzieherinnen kritisieren nicht das Kind oder die Eltern, sondern beschreiben das Problem so, wie sie es persönlich erleben: „Ich habe Schwierigkeiten mit Ihrem Kind. Ich erlebe sie vor allem in der und der Situation. Dann reagiere (empfinde) ich leicht so oder so. Können Sie mir helfen, das Verhalten des Kindes zu verstehen?" Offensichtlich ist, dass bei Ich-Botschaften die Wahrscheinlichkeit recht gering ist, dass sich die Eltern als angegriffen und beschuldigt erleben. Hingegen ist anzunehmen, dass sie dann berichten, wie sie selbst das Kind erfahren, dass sie ihre Gefühle äußern und zusammen mit den Erzieherinnen nach Lösungen für das Problem suchen. Ferner trägt zu einem positiven Gesprächsverlauf bei, wenn die Fachkräfte beispielsweise

- die *Kompetenzen und Erfahrungen der Eltern wertschätzen*, bestätigen und aktivieren,
- viele *offene Fragen* stellen, da diese die Eltern zum Sprechen ermutigen,
- zeitnah und direkt *Feedback geben*, weil dadurch der Informations- und Erfahrungsaustausch aufrechterhalten und intensiviert wird,
- sich *mit eigenen Äußerungen zurückhalten* (viele Elterngespräche werden von den Erzieherinnen dominiert, was den Grundsätzen einer Erziehungs- und Bildungspartnerschaft widerspricht),
- *Aussagen konkretisieren*, indem Beispiele gesucht und diskutiert werden,
- *neu gewonnene Erkenntnisse betonen* und mit den Eltern die Konsequenzen herausarbeiten,
- bei Problemen *gemeinsam* nach Lösungen suchen und deren Umsetzung planen,
- *Positives* (Fortschritte, gute Ideen, Einsichten, Lösungsvorschläge, Erfolge usw.) *verstärken*,
- *das Gespräch strukturieren*, sodass alle beim jeweiligen Thema bleiben (neu auftretende Fragestellungen auf später oder einen anderen Termin verschieben) und für alle Themen genügend Zeit da ist, sowie eventuell eine *Pause* einlegen.

Die Gesprächsergebnisse sollten vor der Verabschiedung der Eltern zusammengefasst werden.

Die Gesprächssituation

Bei Termingesprächen sollten Erzieherinnen eine Situation schaffen, die zum Wohlbefinden von Eltern beiträgt. Beispielsweise empfiehlt Dusolt (2001): „Ein heller, ansprechend gestalteter Raum schafft angenehme Gesprächsatmosphäre. Zu empfehlen sind gepolsterte Konferenzstühle (evtl. mit Armlehne) mit einem niedrigen Teetischchen in der Mitte der Sitzgruppe: Die Konferenzstühle sind auch bei längeren Gesprächen bequem, durch die aufrechte Sitzhaltung ist man aber gleichzeitig angehalten, im Gespräch geistig präsent zu bleiben. ‚Gemütliche' Polstersessel verleiten dagegen zu sehr zum ‚Plausch' oder – bei längeren Gesprächen – zum geistigen ‚Abdriften'. Das Teetischchen in der Mitte schafft zum einen die für ein Elterngespräch notwendige Distanz, lässt aber gleichzeitig eine wesentlich größere Nähe zu, als dies z. B. bei einem Konferenztisch der Fall ist; das Anbieten von Kaffee oder Gebäck kann es Eltern zusätzlich erleichtern, die bei solchen ‚offiziellen' Gesprächen bestehende Hemmschwelle zu überwinden" (S. 23).

Zumeist empfiehlt es sich, sich über Eck zu setzen (insbesondere bei Konfliktgesprächen nicht frontal gegenüber). Störungen durch Telefonate, Kolleginnen und Kinder sollten möglichst ausgeschlossen werden (z. B. durch das Umstellen des Telefons und ein Schild an der Tür). Die Eltern sollten wissen, wie viel Zeit für das Gespräch zur Verfügung steht, sodass nicht zuviel Zeit mit dem am Anfang der Besprechung durchaus wichtigen Austausch von Belanglosigkeiten („warming-up") verbracht wird.

Egal ob das Termingespräch von den Eltern oder von den Erzieherinnen veranlasst wurde, sollten beide Seiten im Voraus wissen, um welche Themen es gehen wird, sodass sie sich vorbereiten können. Die Fachkräfte sollten sich auch Gedanken gemacht haben, ob eine förderliche oder eher hinderliche Dynamik zwischen ihnen und den jeweiligen Eltern besteht bzw. wie sich diese während der Besprechung entwickeln könnte. Sie sollten auch prüfen, welche Gefühle bei ihnen bzw. bei ihren Gesprächspartnern durch die einzelnen Themen geweckt worden sind bzw. entstehen könnten. Ansonsten ist die Vorbereitung davon abhängig, um welche Art von Gespräch es sich handelt (z. B. Anmelde-, Entwicklungs- oder Beratungsgespräch; siehe die Beiträge II. 1 bis II. 5 in diesem Band). Zu ergänzen ist noch, dass vermieden werden sollte, irgendwelche umfangreichen Frage- oder Checklisten abzuarbeiten, da dies ein offenes und dialoghaftes Gespräch unmöglich macht. Dasselbe gilt, wenn die Fachkräfte viel mitschreiben – sie sollten sich auf einige Stichworte beschränken, dafür aber das Protokoll möglichst direkt nach der Besprechung erstellen.

Konfliktgespräche

In Kita-Alltag lässt es sich nicht vermeiden, dass es gelegentlich zu Auseinandersetzungen zwischen Erzieherinnen und Eltern kommt. Entstehen sie spontan während eines Tür-und-Angel-Gesprächs oder eines Telefonats, sollte das Gespräch möglichst sofort beendet werden und ein Termin für eine Besprechung vereinbart werden. Auf diese Weise wird vermieden, dass der Streit eskaliert – und in den genannten Situationen können die unterschiedlichen Positionen sowieso nicht ausdiskutiert werden. Außerdem können sich beide Seiten in der Zwischenzeit erst einmal „abreagieren".

Ein Konfliktgespräch zu einem vereinbarten Termin hat den Vorteil, dass sich die Erzieherinnen in Ruhe vorbereiten können: Sie können weitere Beobachtungen anstellen, relevante Informationen sammeln und Kolleginnen um ihre Meinung bitten. Das Gespräch kann im Team vorbesprochen werden, wobei verschiedene Strategien und die vermutlichen Reaktionen der Eltern darauf diskutiert und eventuell Sequenzen im Rollenspiel „geprobt" werden können. Emotionen wie Ärger, Wut, Angst oder das Gefühl, gekränkt und verletzt worden zu sein, können verbalisiert werden, was eine gewisse Distanzierung von der eigenen Befindlichkeit ermöglicht. Zudem sollte man sich bewusst machen, dass eigene Beobachtungen, Ansichten und (erzieherische) Vorstellungen immer subjektiv sind und andere Personen durchaus etwas anderes wahrgenommen haben können bzw. das Recht besitzen, eigene Positionen zu beziehen. So kann auch die Ansicht der Eltern subjektiv richtig sein – was die Fachkraft aus einer gewissen Distanz heraus (also z. B. bei der Teamsitzung) oft einsieht. Es wird dann deutlich, dass der Konflikt im Grunde ein Machtkampf ist, bei dem es darum geht, wer seine von ihm/ ihr verabsolutierte Position durchsetzen kann.

Beim Konfliktgespräch – oder auch wenn es zu Auseinandersetzungen während eines „normalen" Termingesprächs kommen sollte – ist die erste Regel, eine Eskalation zu vermeiden. Die Hauptverantwortung hierfür liegt bei den Erzieherinnen als den Professionellen. So sollte zunächst den Eltern die Gelegenheit geboten werden, der Fachkraft „die Meinung zu sagen". Dementsprechend sollten massive Gefühlsreaktionen im erträglichen Maß zugelassen werden. Die Erzieherinnen sollten sich auch unqualifizierte Äußerungen der Eltern anhören und versuchen, den persönlichen bzw. familialen Kontext und die dahinter stehenden Gefühle zu verstehen. „Insbesondere sollten Eltern vor dem Gefühl bewahrt werden, als Versager in der Erziehung ihrer Kinder dazustehen. Aufgrund eigener Verunsicherung zweifeln viele Eltern ohnehin an ihrer erzieherischen Kompetenz" (Dusolt 2001, S. 25).

Wurde hingegen die Erzieherin persönlich angegriffen bzw. emotional verletzt oder wurden ihre pädagogischen Fähigkeiten massiv in Frage gestellt, sollte sie zu Beginn des Gesprächs offen sagen, dass sie deswegen verärgert und unglücklich ist. Dann kann gemeinsam versucht werden, auf der Beziehungsebene eine Klärung herbeizuführen, sodass wieder ein sachlicher Austausch möglich wird.

Bei Konfliktgesprächen ist das zuvor erwähnte aktive Zuhören besonders wichtig. Allein schon das Verständnis für das Anliegen des Gesprächspartners führt dazu, dass ein Machtkampf verhindert wird. Dieser muss sich nicht verteidigen, sondern kann sich leichter mit den Problemen des Kindes oder seinen eigenen Schwierigkeiten auseinander setzen und nach Lösungen suchen. Er wird kompromissbereit und zugänglicher für Vorschläge, Empfehlungen und Ratschläge.

Wenn die Eltern auf diese Weise den Eindruck gewonnen haben, die Fachkraft habe sie „endlich" verstanden, werden sie auch bereit sein, sich die Argumente und Ansichten der Erzieherin in Ruhe anzuhören. So wird ein sachliches Gespräch möglich. Dabei darf die Erzieherin keinesfalls auf ihrer eigenen Position verharren, sondern sollte ebenfalls kompromissbereit sein: „Sodann kann sie überprüfen, ob es Aspekte des elterlichen Anliegens gibt, die sie annehmen kann, und solche, welche sie nicht annehmen kann. Ein Umsetzen der Anregung (und sei es auch nur teilweise) signalisiert den Eltern, dass sie ernst genommen werden! Aspekte, die zu übernehmen sie nicht bereit ist, sollte sie klar benennen und ihre Ablehnung ebenso klar begründen. Dabei hat sie natürlich das Recht, sich auf ihren persönlichen Arbeitsstil oder das pädagogische Konzept der Einrichtung zu berufen" (Dusolt 2001, S. 147). Insbesondere wenn beide Seiten erkannt haben, dass sie zuvor die eigene Position als „subjektive Wahrheit" verabsolutiert haben, ist dann ein Kompromiss möglich.

Falls es trotz aller Bemühungen zu einer besonders emotional geladenen Situation kommen sollte, ist oft der „kontrollierte Dialog" ein Ausweg.

Der „kontrollierte Dialog" umfasst die folgenden Schritte:
1. Die erste Person spricht.
2. Die zweite Person gibt das Gesagte in eigenen Worten wieder.
3. Die erste Person bestätigt, dass sie richtig verstanden wurde, oder ergänzt ihre Aussage.

4. Erst wenn sich die erste Person richtig verstanden fühlt, darf die zweite ihre Gedanken und Gefühle äußern.

5. Nun gibt die erste Person das Gesagte in eigenen Worten wieder usw. Durch diese stark strukturierte Vorgehensweise kann oft ein Streitgespräch abgebaut werden. Ist dies nicht der Fall, sollte die Besprechung abgebrochen werden und ein neuer Termin vereinbart werden – in der Hoffnung, dass sich bis dahin die Gemüter wieder beruhigt haben. Manchmal ist es aber auch sinnvoll, wenn das nächste Gespräch von einer anderen (neutralen) Fachkraft geführt wird. Das gilt vor allem für den Fall, wenn Erzieherin und Eltern aufgrund ihrer Persönlichkeitsstrukturen nicht miteinander zurechtkommen oder ihre Beziehung bereits stark zerrüttet ist. Dann empfiehlt es sich auch, dass das Kind die Kita-Gruppe (oder notfalls die Einrichtung) wechselt.

Bei von den Betroffenen nicht lösbaren Konflikten kann ein externer Vermittler (z. B. Fachberaterin, Erziehungsberater, Supervisorin) eingeschaltet werden. Diese Person muss unbedingt neutral bleiben, darf sich also nicht mit einer Seite solidarisieren oder sich ihr gegenüber zur Loyalität verpflichtet fühlen. Auch sollte sie von eigenen Vorstellungen, wie eine Konfliktlösung aussehen könnte, frei sein, denn nur diejenige Lösung ist auf Dauer tragbar, die von den beiden Parteien gefunden wurde und mit der diese am besten leben können.

Die vermittelnde Person übernimmt die Gesprächsleitung und stellt sicher, dass beide Seiten nacheinander zu Wort kommen und ihre Positionen sachlich, klar und deutlich zum Ausdruck bringen. Dann überprüft sie, ob beide Seiten einander verstanden haben. Ist dies nicht der Fall, versucht sie, die Haltung der einen Seite für die andere deutlich zu machen. Ansonsten hilft sie ihnen, einen konstruktiven Kompromiss zu finden. Manchmal müssen aber auch die Ursachen für den Konflikt bzw. die ihm zugrunde liegenden Gefühle und Bedürfnisse bewusst gemacht und bearbeitet werden, da sonst die „Lösung" oberflächlich bleibt und es bald zu neuen Konflikten kommen würde. Sollten mehr als ein Treffen notwendig sein (insbesondere wenn intensive Beziehungsstörungen entdeckt werden), muss jedoch oft nach anderen Lösungen gesucht werden (z. B. Wechsel der Gruppe bzw. der Einrichtung).

Beschwerden

„Beschwerden von Eltern gehören zum Alltag in einer Einrichtung und sind nichts Außergewöhnliches. In einer Institution gibt es viele und unterschiedliche Eltern, d. h. Einstellungen, Haltungen und Ansichten. Eltern haben ein Recht, ihre Ansichten über bestimmte Dinge zu äußern. Trotzdem wird eine Beschwerde vielfach als persönlicher Angriff und Kritik wahrgenommen. Die meisten Menschen haben nicht gelernt, mit Kritik positiv umzugehen. Folglich wird Kritik als etwas Bedrohliches erlebt, und massive Angst stellt sich ein" (Bernitzke/Schlegel 2004, S. 135). Die Fachkraft fühlt sich abgewertet.

Ähnlich wie bei Streitgesprächen sollten sich Erzieherinnen bei Beschwerden zunächst einmal von ihren eigenen Gefühlen distanzieren, das Anliegen der Eltern zu verstehen suchen und sich auf den Sachinhalt konzentrieren. Dann fällt es ihnen leichter, angemessen auf die Eltern einzugehen (z. B. Verständnis zu zeigen oder um Erklärungen zu bitten). Sinnvoll ist es, Beschwerden zunächst einmal als Hinweis auf zu lösende Probleme zu verstehen – als etwas Positives, das zu einer Verbesserung der pädagogischen Arbeit bzw. der Situation in der Kindertageseinrichtung beitragen kann. Je nach Art der Beschwerde muss sich die Erzieherin entschuldigen (wenn sie einen Fehler gemacht hat), im Gespräch mit den jeweiligen Eltern nach einer Lösung suchen oder versprechen, die Problematik bei der nächsten Teamsitzung anzusprechen und anschließend Rückmeldung zu geben. Gelegentlich können die Eltern auch in die Pflicht genommen werden, bei der Umsetzung ihrer Vorschläge mitzuwirken.

Generell empfiehlt es sich, in der Kindertageseinrichtung ein Beschwerdemanagement einzurichten. Darauf soll an dieser Stelle aber nicht weiter eingegangen werden (siehe z. B. Textor 2005, S. 55 f.).

Schlussbemerkung

Die Gesprächsführung mit Eltern und insbesondere das richtige Verhalten bei Beratungs- und Konfliktgesprächen können nur sehr begrenzt während der Ausbildung von Erzieherinnen geschult werden. Die Fachkräfte müssen sich also die notwendigen Kompetenzen während der Berufstätigkeit aneignen. Vieles lernen sie durch Erfahrung oder im Austausch mit Kolleginnen. Ferner sollten sie relevante Fortbildungen besuchen (insbesondere solche, bei denen sie Gesprächssituationen im Rollenspiel proben können oder wo ihre Reaktionen auf Video festgehalten werden, was zur Selbsterfahrung beiträgt). Wenn Fachkräfte feststellen, dass sie immer wieder dieselben Fehler machen oder mit bestimmten Eltern(-gruppen) nicht zurechtkommen, sollten sie auch eine Supervision in Betracht ziehen.

Literatur

Bernitzke, F./Schlegel, P.: Das Handbuch der Elternarbeit. Troisdorf: Bildungsverlag EINS 2004

Dusolt, H.: Elternarbeit. Ein Leitfaden für den Vor- und Grundschulbereich. Weinheim, Basel: Beltz 2001

Textor, M. R.: Elternarbeit im Kindergarten. Ziele, Formen, Methoden. Norderstedt: BoD 2005

Teil II
Konzepte und Inhalte der Elternbildung

Bernhard Kalicki

Ansätze der Familienbildung in Kindertageseinrichtungen

Inzwischen liegen eine ganze Reihe von Programmen zur Elternbildung vor, die alle zum Ziel haben, die elterliche Erziehungskompetenz zu stärken und kindlichen Entwicklungs- und Verhaltensstörungen vorzubeugen (zum Überblick: Tschöpe-Scheffler 2005). Viele dieser Programme wurden in anderen Ländern (z. B. in den USA oder in Australien) entwickelt und werden seit einigen Jahren auch in Deutschland eingesetzt. Hierbei werden allerdings die sozialen und kulturellen Besonderheiten unserer Gesellschaft oft nur unzureichend berücksichtigt. In diesem Beitrag werden die bekanntesten Elterntrainings vergleichend vorgestellt und diskutiert. Diese Übersicht wird ergänzt um Programme für besondere Zielgruppen, die der Vielfalt kindlicher Lebenswelten und Entwicklungskontexte stärker Rechnung tragen. Außerdem werden Präventionskonzepte vorgestellt, die eine Stärkung der elterlichen Partnerschaft anstreben. Neben Aufbau und Inhalten der Programme werden zum Abschluss auch Fragen der praktischen Umsetzung (Implementierung) angesprochen.

Zum Bedarf an Elternbildung

Die Hinweise darauf, dass Mütter und Väter bei der Ausübung ihrer Elternrolle Unterstützung und Anleitung benötigen, mehren sich. Zum einen deuten die verfügbaren Zahlen zur Verbreitung („Prävalenz") kindlicher Verhaltensstörungen darauf hin, dass es zahlreichen Familien nicht gelingt, ihre Kinder zu gesunden Persönlichkeiten zu erziehen. Aktuelle Schätzungen gehen davon aus, dass 15 bis 22 Prozent aller Kinder und Jugendlichen psychische Störungen aufweisen (Ihle/Esser 2002). Dabei zeigen Jungen häufiger so genannte „externalisierende Störungen" wie oppositionelles, aggressives, dissoziales und hyperkinetisches Verhalten, während Mädchen zu so genannten „internalisierenden Störungen" wie sozialem Rückzug, Ängsten und depressiven Störungen sowie körperlichen Beschwerden neigen.

Die zunehmende Überforderung vieler Eltern lässt sich auch an dem Anstieg der genutzten Erziehungshilfen aufzeigen. Wurden im Jahr 1999 insgesamt 297.990 Maßnahmen ambulanter Hilfen zur Erziehung beendet, waren es im Jahr 2002 insgesamt 327.052, was einem Anstieg der absoluten Zahl um 9,75 Prozent innerhalb von drei Jahren entspricht (vgl. Statistisches Bundesamt 2002, 2004). Aufgeschlüsselt nach verschiedenen Formen der Erziehungshilfen lässt sich für den Zeitraum von 1999 bis 2002 ein Anstieg der „institutionellen Beratung" (Erziehungs- und Familienberatung, Jugendberatung, Suchtberatung) um 8 Prozent, der „Betreuung einzelner junger Menschen" (Erziehungsbeistandschaft, Betreuungshilfe, Soziale Gruppenarbeit) um 15 Prozent und der „Sozialpädagogischen Familienhilfe" um 32 Prozent beobachten.

Wenn kindliche Verhaltensauffälligkeiten beobachtet werden, ist eine schnelle Intervention angesagt. Idealerweise werden kindliche Entwicklungs- und Verhaltensstörungen durch präventive Maßnahmen verhindert. Die Bedeutung einer rechtzeitigen, möglichst frühen Intervention ergibt sich aus der recht hohen Stabilität kindlicher Verhaltensstörungen (die Stabilität etwa von aggressivem Verhalten ist ähnlich hoch wie die der Intelligenz). Je früher und häufiger das problematische Verhalten auftritt, je ausgeprägter und vielfältiger es sich äußert und je unabhängiger es vom jeweiligen Kontext ist, desto stabiler ist auch der Verlauf (Döpfner 1997). Zu den familiären Risikofaktoren für kindliche Verhaltensstörungen zählen insbesondere nicht konsequentes (inkonsistentes) und bestrafendes Erziehen, negative Kommunikationsmuster sowie Paarkonflikte der Eltern. Zu den häufigsten Erziehungsfehlern der Eltern zählen

- das Ignorieren von erwünschtem Verhalten,
- ein schlechtes Beispiel der Eltern,
- dem Kind Befehle und Anweisungen geben,
- abwertende, beleidigende Äußerungen über das Kind,
- der wirkungslose Gebrauch von Strafe – Strafen werden angedroht, aber nicht ausgeführt, oder dasselbe Verhalten wird einmal bestraft, bei anderer Gelegenheit jedoch nicht bestraft,
- harte Bestrafungen wie körperliche Gewalt und nicht zuletzt
- der Mangel an liebevoller Zuwendung und Bindung.

Eine Befragung von 3200 Jugendlichen zum erfahrenen Erziehungsverhalten der Eltern (Wetzels 1997) gibt Aufschluss über die Verbreitung körperlicher Gewalt gegen Kinder. In dieser Studie gaben 38 Prozent der Jugendlichen im Rückblick an, von ihren Eltern gezüchtigt worden zu sein (Mehrfachnennungen waren möglich), nämlich

- geohrfeigt (37 Prozent),
- hart angepackt oder gestoßen (12 Prozent),
- geschlagen (4 Prozent) bzw.
- mit einem Gegenstand beworfen (4 Prozent) zu sein.

Fünf Prozent gaben an, von ihren Eltern misshandelt worden zu sein (Mehrfachnennungen waren auch hier wieder möglich), nämlich

- zusammengeschlagen (4 Prozent),
- mit der Faust geschlagen (3 Prozent),
- getreten (3 Prozent),
- gewürgt (1 Prozent),
- absichtlich verbrannt (0,4 Prozent) bzw.
- mit Waffen bedroht (0,4 Prozent) worden zu sein.

Im Rahmen verschiedener Fortbildungsveranstaltungen für Kolleginnen und Kollegen, die im Feld der Erziehungs- und Familienberatung tätig sind, konnte ich eine kurze Erhebung der häufigsten Erziehungsschwierigkeiten, die die Familien in die Beratung führen, durchführen. Von den gesammelten Nennungen beziehen sich die meisten auf das richtige Disziplinieren. Demnach haben viele Eltern Schwierigkeiten, dem Kind Grenzen zu setzen. Auch beim Disziplinieren und Bestrafen des Kindes selbst nicht die Kontrolle zu verlieren oder aus Machtkämpfen wieder auszusteigen, bereitet vielen Eltern Probleme. Alle diese Beobachtungen bestätigen den wachsenden Bedarf an guten und wirksamen Programmen der Familien- und Elternbildung.

Ausgewählte Elterntrainings im Vergleich

Spätestens seit den 1980er Jahren wird versucht, Eltern in Bildungs- und Trainingskursen Wissen und Fertigkeiten zu vermitteln, um ihre Erziehungskompetenz zu stärken (z. B. Minsel 1984). Die ersten Programme kamen aus dem englischsprachigen Raum (etwa das Programm „Living with Children" von Patterson und Gullion aus dem Jahr 1968 oder das Programm „Early Childhood Parenting Skills" von Abidin aus dem Jahr

1980). Inzwischen werden verstärkt auch elektronische Medien genutzt, um die Eltern zu erreichen (vgl. Hänggi/Perrez 2005; Schneewind 2003; Webster-Stratton 1994). Der nachfolgende Vergleich stellt drei sehr bekannte Elterntrainings vor, die derzeit in Deutschland eine gewisse Hochkonjunktur erleben. Andere Programme wie das Gordon-Eltern Training (PET; vgl. Müller et al.; zum Überblick: Heinrichs et al. 2002) bleiben bei dieser Auswahl unberücksichtigt.

Systematisches Elterntraining (STEP)

Das systematische Elterntraining („Systematic Training for Effective Parenting") wurde in den 1970er Jahren von Don Dinkmeyer sr., Gary McKay und Don Dinkmeyer jr. in den USA entwickelt und in den vergangenen Jahren von Linda Pliska, Trudi Kühn und Roxana Petkov in Deutschland eingeführt (vgl. Dinkmeyer et al. 2001). Den theoretischen Hintergrund bilden Alfred Adlers Individualpsychologie sowie die Arbeiten von Rudolf Dreikurs und Thomas Gordon zum partnerschaftlichen („demokratischen") Zusammenleben von Eltern und Kindern. Ziel ist die Entwicklung kooperationsfähiger Menschen, die das Ideal sozialer Gerechtigkeit und demokratischer Lebensführung verwirklichen können.

Dieses Elterntraining hat folgende Inhalte:
1. Neue Perspektiven erkennen: In dieser Einheit geht es darum zu lernen, kindliches Fehlverhalten neu auszulegen und zu bewerten sowie neue Reaktionsweisen zu entwickeln, die das Kind respektieren.
2. Ermutigung leisten: Hier lernen die Eltern, wie sie die Bemühungen des Kindes durch Ermutigung unterstützen und sein Selbstvertrauen stärken können.
3. Kommunikation: Das Ansprechen von Gefühlen und Problemen mithilfe der Methode des „aktiven Zuhörens" steht im Mittelpunkt dieser Einheit.
4. Disziplin einüben: Grenzen setzen und innerhalb dieser Grenzen Freiheit gewähren, ist Thema dieser Lektion. Das konsequente Aufzeigen der logischen Konsequenzen von Fehlverhalten ist die entsprechende Methode.
5. Fehler eingestehen: Vermittelt wird die Bewertung von Fehlern als Erfahrung, nicht als Anlass zu Schuldgefühlen und Resignation. Dies gilt für Fehlverhalten des Kindes und der Eltern gleichermaßen.

Das Training ist als Gruppenprogramm für Eltern angelegt. Als Materialien liegen ein Arbeitsbuch und ein Lehrvideo vor.

Positive Parenting Program (Triple P)

Das „positive Erziehungsprogramm" (dreimal P oder „Triple P" für „Positive Parenting Program") wurde von Matthew Sanders und Mitarbeitern in Brisbane/Australien am „Parenting and Family Support Center" der Universität von Queensland entwickelt und durchgeführt (vgl. Sanders 1999). Nach Deutschland gebracht wurde es von dem in Braunschweig lehrenden Psychologen Kurt Hahlweg. Kennzeichnend für Triple P ist die enge Anlehnung an die lernpsychologische Forschung. Das Programm beansprucht, ein allgemeingültiges (universelles) Erziehungskonzept zu haben, wissenschaftlich fundiert und nachhaltig wirksam zu sein. Ob der Anspruch der guten Erreichbarkeit und Zugänglichkeit erfüllt wird, scheint allerdings angesichts der regionalen Ballung des Angebots und der doch beträchtlichen Kosten für die Teilnehmer fraglich. Als Leitideen positiver Erziehung lassen sich festhalten,

■ die Förderung der Entwicklung des Kindes durch konstruktives und nicht verletzendes Elternverhalten,

■ die Unterstützung des Kindes durch eine angemessene Kommunikation und durch positive Zuwendung,

■ der Aufbau eines positiven Selbstbildes des Kindes und die Vermeidung von Verhaltensauffälligkeiten.

Erreicht werden soll dies durch fünf Grundprinzipien positiver Erziehung. So sollen die Eltern

1. für eine sichere und interessante Umgebung sorgen,
2. eine positive Lernumgebung schaffen,
3. konsequentes Erziehungsverhalten zeigen,
4. realistische Erwartungen an das Kind und an ihr eigenes Erziehungsverhalten haben und
5. auch ihre eigenen Bedürfnisse beachten.

Im Elternkurs werden eine Reihe grundlegender Erziehungsfertigkeiten vermittelt, die dazu dienen,

■ eine positive Beziehung zum Kind aufzubauen (z. B. durch Zuneigung und das Gespräch mit dem Kind),

■ wünschenswertes Verhalten des Kindes zu fördern (z. B. durch Loben),

- dem Kind neue Verhaltensweisen beizubringen (etwa durch das „Lernen am Modell" oder spezielle Belohnungstechniken wie Punktekarten),
- auftretende Probleme zu bewältigen (z. B. durch Familienregeln, den Einsatz logischer Konsequenzen oder den „stillen Stuhl").

Ergänzt werden diese allgemeinen Kompetenzen durch Themenhefte eines Erziehungsratgebers, die für unterschiedliche Altersgruppen angeboten werden (für Säuglinge, Kleinkinder, Kindergartenkinder und Grundschulkinder). Das Konzept sieht fünf Interventionsstufen vor, mit ansteigendem Intensitätsgrad. Auf einer ersten Stufe wird den Eltern und anderen Erziehungspersonen wie Lehrer/innen, Erzieherinnen oder auch Nachbarn allgemeingültige Information über die Kindererziehung geboten. Hierzu sollen verschiedene Medien genutzt werden – insbesondere Massenmedien mit großer Reichweite (z. B. Fernsehen, Flugblätter, Tagespresse). Während das Programm in Australien in dieser Breite erfolgreich durchgeführt wurde, steht eine vergleichbar breite Information von Erziehungspersonen in Deutschland noch aus.

Die nachfolgenden Interventionsstufen sollen von ausgebildeten Trainer/innen angeboten werden. Hierfür stehen entsprechende Informations-, Trainings- und Schulungsmaterialen zur Verfügung. Stufe 2 sieht eine Kurzberatung bei speziellen Erziehungsproblemen vor. Vorgesehen sind kurze Einzelinterventionen von 10 bis 15 Minuten, die von gut erreichbaren und hierfür ausgebildeten Fachleuten durchgeführt werden (z. B. Kinderärzte, Erzieherinnen, Lehrer/innen). Um flächendeckend wirken zu können, sollte dieses Interventionsangebot in bereits bestehende Strukturen und Institutionen eingebunden sein (Kindertageseinrichtungen, Schulen, medizinische Dienste).

Stufe 3 bietet bei umgrenzten Erziehungsschwierigkeiten eine Kurzberatung, kombiniert mit einem aktiven Training. In der Beratung sollen die Ziele und Erziehungsstrategien gemeinsam entwickelt und anschließend im Training aktiv eingeübt werden. Hierfür werden zunächst vier Sitzungen angesetzt.

Auf der Stufe 4 folgt ein intensives Elterntraining, das Eltern vorbehalten ist, die erkennbare Erziehungsprobleme haben oder deren Kinder verschiedene oder schwerer ausgeprägte Verhaltensprobleme zeigen. Das Elterntraining kann entweder als Gruppenprogramm mit fünf bis sechs Familien in vier zweistündigen Sitzungen oder als Selbsthilfeprogramm mit unterstützender Telefonberatung durchgeführt werden. Dazu stehen das Video „Überlebenshilfe für Eltern" und ein Arbeitsbuch als Materialien zur Verfügung. Stufe 5 bietet schließlich Familien mit zusätzlichen familiären Problemen (z. B. massive Paarkonflikte, Depression eines Elternteils) oder bei anhaltenden Verhaltensproblemen des Kindes erweiterte Interventionen. Hier werden die Elterntrainings von Stufe 4 um zusätzliche, speziellere Module ergänzt.

Starke Eltern – starke Kinder
Die Grundideen dieses Programms stammen aus den 1980er Jahren und wurden im Finnischen Kinderschutzbund entwickelt. Nach Deutschland importiert, weiterentwickelt und erprobt wurde das Programm von Paula Honkanen-Schoberth und dem Kinderschutzbund in Aachen. Es wird inzwischen bundesweit vom Deutschen Kinderschutzbund (DKSB) genutzt.

Das Programm integriert unterschiedliche psychologische Konzepte und Methoden, etwa die Kommunikationstheorie von Paul Watzlawick, Ideen der Familientherapie nach Minuchin, Konzepte des non-direktiven Ansatzes von Carl Rogers oder die Familienkonferenz von Thomas Gordon. Das Kernstück bildet die „anleitende" Erziehung („autoritative Erziehung" in den Begriffen der Erziehungsstilforschung). Neben dem Ziel der Stärkung der elterlichen Erziehungskompetenz stehen die Ziele der Prävention von körperlicher und psychischer Gewalt in der Familie sowie der Stärkung der Mitsprache-, Mitbestimmungs- und Gestaltungsmöglichkeiten von Kindern im Mittelpunkt.

In den Kursen beschäftigen sich die Eltern mit den eigenen Werteüberzeugungen und Erziehungszielen, deren biographischen Wurzeln und ihren Konsequenzen für das eigene Handeln. Ein wichtiges Thema ist die Stärkung des kindlichen Selbstwertgefühls, etwa durch eine angemessene Kommunikation. Elterliche Reaktionen auf Schwierigkeiten oder Problemverhalten des Kindes werden ebenso thematisiert und reflektiert wie das Thema Konfliktlösen. Neben der Wissensvermittlung und Diskussion stehen auch klassische Methoden und Konzepte der Sozialpädagogik auf dem Programm (z. B. aktives Zuhören, Ich-Botschaften, Feedback-Regeln).

Alternative Ansätze

Alle genannten und kurz skizzierten Elterntrainings stellen „universelle" Präventionsprogramme dar, also Programme, die für alle Familien mit Kindern geeignet sind. Daneben gibt es eine ganze Reihe von Programmen, die für spezielle Risikogruppen gedacht sind, die also nur in bestimmten Fällen angezeigt (indiziert) sind. Hierzu zählen beispielsweise
▓ das „Präventionsprogramm für expansives Problemverhalten" (PEP; vgl. Wolff et al. 2002),
▓ Elterntrainings zur Prävention dissozialen Verhaltens (vgl. Beelmann 2003),
▓ das Video-Interaktionstraining für mehrfach belastete Familien (vgl. Cordes/Petermann 2001),
▓ verschiedene Elterntrainings für Eltern autistischer Kinder (vgl. Probst 2001),
▓ das Hausbesuchsprogramm für die Mütter sozial benachteiligter Kinder („Home Instruction Program for Preschool Youngsters" – HIPPY; vgl. Kiefl 1996).
Andere Programme wollen das elterliche Verhalten in ausgewählten Verhaltensbereichen beeinflussen, etwa das Erziehungsverhalten in Bezug auf die Schulleistung des Kindes (vgl. Lund et al. 2001).

Präventionsprogramme lassen sich auch danach unterscheiden, ob sie nur eine einzige Anwendungsform vorsehen (z. B. Training der Eltern) oder mehrere Zugänge kombinieren (z. B. Elterntraining plus Verhaltenstherapie des Kindes; vgl. Frölich et al. 2002). Ein Beispiel für diesen „multimodalen" Ansatz ist das „Therapieprogramm für Kinder mit hyperkinetischem und oppositionellem Problemverhalten" (THOP; vgl. Döpfner et al. 2002) oder auch das Programm „Families And Schools Together" (FAST TRACK; vgl. Conduct Problems Prevention Group 1999a, b). Andere kindbezogene Programme werden nur in Kindertagesstätten oder Grundschulen eingesetzt (vgl. Müller 2000).

Eine Gruppe weiterer Präventionsprogramme rückt die elterliche Partnerschaft in den Blickpunkt und versucht, neben der elterlichen Erziehungskompetenz auch die Paarbeziehung zu stärken. Hintergrund ist die enge Verknüpfung von Erziehungsverhalten und Partnerschaftsqualität (vgl. Fthenakis et al. 2002; Kalicki 2003). Prominent sind die Elterngruppen, die das amerikanische Forscherpaar Carolyn und Phillip Cowan ins Leben gerufen hat (Cowan/Cowan 1994). In Deutschland wurde dieses Programm vor einigen Jahren in Zusammenarbeit mit dem Deutschen Familienverband umgesetzt und erprobt (Deutscher Familienverband 1999). Andere Programme nutzen die Phase des Übergangs zur Elternschaft als eine günstige Gelegenheit für Angebote der Familienbildung (Reichle 1999) oder befassen sich mit Problemen der gemeinsamen Stressbewältigung in Partnerschaften (Bodenmann 2000).

Chancen und Risiken bei der Durchführung von Familienbildungsprogrammen in Kindertageseinrichtungen

Die dargestellten Elternbildungsprogramme unterscheiden sich in ihren theoretischen Grundannahmen, in der Strategie der Informationsverbreitung und in einzelnen Inhalten und Methoden. An anderen Stellen ähneln sie sich sehr stark: So finden wir Konzepte wie das Arbeiten mit den logischen Konsequenzen von Fehlverhalten oder die Methode des aktiven Zuhörens in den unterschiedlichsten Elterntrainings. Deutliche Unterschiede bestehen in dem Anspruch auf wissenschaftliche Fundierung und auf empirisch nachgewiesene Wirksamkeit (vgl. auch Tschöpe-Scheffler 2003). Am frappierendsten sind jedoch die Unterschiede in den verfügbaren Materialien, insbesondere den Lehrvideos. So fallen die Materialien aus dem angloamerikanischen Sprachraum – etwa die Lehrvideos zu Triple P oder zu STEP – durch eine nur allzu oberflächliche Anpassung an den deutschen Kultur- und Sprachraum auf. Die bekannten Probleme bei dem Versuch, insbesondere bildungsferne Zielgruppen für Elternbildungsprogramme zu gewinnen, werden hierdurch eher verschärft als behoben.

Elterntrainings oder andere Kurse der Familienbildung in einer Kindertageseinrichtung anzubieten, birgt große Chancen, aber auch einige Risiken. Der größte Vorteil ist sicherlich, dass über den Kindergarten die allermeisten Familien erreicht werden können. Weil in Deutschland über 90 Prozent der 5- bis 6-jährigen Kinder einen Kindergarten besuchen (Peitz 2003), können im Kindergarten nahezu alle Familien über entsprechende Angebote informiert werden. Auch zögern Eltern weit weniger, Veranstaltungen im Kindergarten zu besuchen, als etwa eine Beratungsstelle aufzusuchen. Zahlreiche Familienbildungsstätten kämpfen ebenfalls mit Akzeptanzproblemen. Häufig sind sie durch die dahinter stehende Organisation (z. B. bei kirchlicher Trägerschaft) mit einem

Image verbunden, das bestimmte Eltern abschreckt. Ganz allgemein gilt, dass traditionelle Formen der Familienbildung eher solche Eltern ansprechen, die ohnehin aufgeschlossen sind gegenüber pädagogischen und psychologischen Themen – und bei denen der Bedarf an Anleitung und Unterstützung daher vielleicht eher gering ist.

Programme zur Stärkung der Erziehungskompetenz von Müttern und Vätern versprechen dann von der Elternschaft der Kindertageseinrichtung akzeptiert zu werden, wenn in der Einrichtung ein breites Angebot von Informationsveranstaltungen, Kursen und Begegnungsmöglichkeiten geschaffen wird (Stolz/Thiel 2005). Eltern, die den Kindergarten als Veranstaltungsort für einen Erste-Hilfe-Kurs, einen Sprachkurs oder einen interessanten Vortrag kennen gelernt haben, werden sich leichter für einen Elternbildungskurs anmelden als Eltern, die bislang hier nur ihr Kind abgegeben und abgeholt haben.

Andererseits dürfen keine unrealistisch hohen Erwartungen an die Einrichtungsteams gestellt werden. Erzieherinnen sind Expertinnen der Frühpädagogik, nicht der Erwachsenenbildung. Daher bietet es sich an, die Familienbildung in der Kindertageseinrichtung in Kooperation mit anderen Stellen zu organisieren. Da die Vernetzung und Kooperation der Tageseinrichtung auch Aufgaben des Einrichtungsträgers sind, sollten die Teams bei der Planung und Organisation solcher Maßnahmen von ihrem Träger unterstützt und entlastet werden (Fthenakis et al. 2003). Trägerorganisationen verfügen häufig über gute Kontakte zu unterschiedlichen Fachdiensten und Bildungseinrichtungen oder können diese Kontakte leicht aufbauen. Auch sollte der Träger den Sozialraum seiner Einrichtung kennen – also die Bedarfe der Familien und die soziale Infrastruktur vor Ort –, da er diese Informationen zur Planung und Weiterentwicklung seines Betreuungsangebots und der pädagogischen Konzeption seiner Einrichtung ohnehin benötigt.

An dieser Stelle wird damit deutlich, dass eine tragfähige Erziehungs- und Bildungspartnerschaft von Tageseinrichtung und Familie nur dann wachsen kann, wenn sämtliche Beteiligte gemeinsame Ziele verfolgen und kooperieren.

Literatur

Beelmann, A.: Effektivität behavioraler Elterntrainingsprogramme: Ergebnisse zweier Pilotstudien zur Prävention dissozialen Verhaltens. Psychologie in Erziehung und Unterricht 2003, 50, S. 310–123

Bodenmann, G.: Kompetenzen für die Partnerschaft. Freiburger Stresspräventionstraining für Paare. Weinheim: Juventa 2000

Conduct Problems Prevention Group: Initial impact of the Fast Track prevention trial for conduct problems: I. The high-risk sample. Journal of Consulting and Clinical Psychology 1999a, 67, S. 631–647

Conduct Problems Prevention Group: Initial impact of the Fast Track prevention trial for conduct problems: II. Classroom effects. Journal of Consulting and Clinical Psychology 1999b, 67, S. 648–657

Cordes, R./Petermann, F.: Das Video-Interaktionstraining: Ein neues Training für Risikofamilien. Kindheit und Entwicklung 2001, 10, S. 124–131

Cowan, C.P./Cowan, P.A.: Wenn Partner Eltern werden. Der große Umbruch im Leben des Paares. München: Piper 1992

Deutscher Familienverband (Hrsg.): Handbuch Elternbildung. Opladen: Leske + Budrich 1999

Dinkmeyer, D./McKay, G.D./Dinkmeyer, D.: STEP – Elternhandbuch. München: Beust 2001

Döpfner, M.: Verhaltenstherapie mit Kindern und Jugendlichen – Konzepte, Ergebnisse und Perspektiven der Therapieforschung. In: Petermann, F. (Hrsg.): Kinderverhaltenstherapie: Grundlagen und Anwendungen. Baltmannsweiler: Schneider 1997, S. 331–366

Döpfner, M./Schürmann, S./Frölich, J.: Das Therapieprogramm für Kinder mit hyperkinetischem und oppositionellem Problemverhalten (THOP). Weinheim: PVU 2002

Frölich, J./Döpfner, M./Berner, W./Lehmkuhl, G.: Behandlungseffekte kombinierter kognitiver Verhaltenstherapie mit Elterntraining bei hyperkinetischen Kindern. Praxis der Kinderpsychologie und Kinderpsychiatrie 2002, 51, S. 476–493

Fthenakis, W. E./Hanssen, K./Oberhuemer, P./Schreyer, I. (Hrsg.): Träger zeigen Profil. Qualitätshandbuch für Träger von Kindertageseinrichtungen. Weinheim: Beltz 2003

Fthenakis, W. E./Kalicki, B./Peitz, G.: Paare werden Eltern. Die Ergebnisse der LBS-Familien-Studie. Opladen: Leske + Budrich 2002

Hänggi, Y./Perrez, M.: Primäre Prävention mit neuen Medien – Angebote für Eltern. Psychologie in Erziehung und Unterricht 2005, 52, S. 153–167

Heinrichs, N./Saßmann, H./Hahlweg, K./Perrez, M.: Prävention kindlicher Verhaltensstörungen. Psychologische Rundschau 2002, 53, S. 170–183

Honkanen-Schoberth, P.: Starke Kinder brauchen starke Eltern. Der Elternkurs des Deutschen Kinderschutzbundes. Berlin: Urania 2003

Ihle, W./Esser, G.: Epidemiologie psychischer Störungen im Kindes- und Jugend-alter: Prävalenz, Verlauf, Komorbidität und Geschlechtsunterschiede. Psychologische Rundschau 2002, 53, S. 159–169

Kalicki, B.: Die Bedeutung subjektiver Elternschaftskonzepte für Erziehungsverhalten und elterliche Partnerschaft. Zeitschrift für Pädagogik 2003, 49, S. 499–512

Kiefl, W.: HIPPY. Bilanz eines Modellprojekts zur Integration von Aussiedler- und Ausländerfamilien in Deutschland (DJI-Arbeitspapier 5–122). München: Deutsches Jugendinstitut 1996

Lund, B./Rheinberg, F./Gladasch, U.: Ein Elterntraining zum motivationsförderlichen Erziehungsverhalten in Leistungskontexten. Zeitschrift für Pädagogische Psychologie 2001, 15, S. 130–143

Minsel, B.: Elterntraining. Zeitschrift für personenzentrierte Psychologie und Psychotherapie 1984, 3, S. 55–66

Müller, C. T./Hager, W./Heise, E.: Zur Effektivität des Gordon-Eltern-Trainings (PET) – eine Meta-Evaluation. Gruppendynamik und Organisationsberatung 2001, 32, S. 339–364

Müller, F.-W.: Abenteuer Konflikt – frühe Gewaltprävention in Kindertagesstätten und Grundschulen. Praxis der Kinderpsychologie und Kinderpsychiatrie 2000, 49, S. 779–788

Peitz, G.: Der quantitative Ausbau des Systems der Tageseinrichtungen für Kinder. In: Bundesministerium für Familie, Senioren, Frauen und Jugend (Hrsg.): Auf den Anfang kommt es an! Perspektiven zur Weiterentwicklung des Systems der Tageseinrichtungen für Kinder in Deutschland. Weinheim: Beltz 2003, S. 27–61

Probst, P.: Elterntrainings im Rahmen der Rehabilitation autistischer Kinder: Konzepte und Ergebnisse. Zeitschrift für Klinische Psychologie, Psychiatrie und Psychotherapie 2001, 49, S. 1–32

Reichle, B.: Wir werden Familie. Ein Kurs zur Vorbereitung auf die erste Elternschaft. Weinheim: Juventa 1999

Sanders, M. R.: The Triple P-Positive Parenting Program: Towards an empirically validated multi-level parenting and family support strategy for the prevention and treatment of child behavior and emotional problems. Child and Family Psychology Review 1999, 2, S. 73–90

Schneewind, K. A.: Freiheit in Grenzen. Eine interaktive CD-ROM zur Stärkung elterlicher Erziehungskompetenzen für Eltern mit Kindern zwischen 6 und 12 Jahren. München: Ludwig-Maximilians-Universität 2003

Schwab, J. J.: Aggressivität in der Familie. In: Nissen, G. (Hrsg.): Aggressivität und Gewalt. Prävention und Therapie. Bern: Huber 1995, S. 75–85

Statistisches Bundesamt (Hrsg.): Datenreport 2002. Bonn: Bundeszentrale für politische Bildung 2002

Statistisches Bundesamt (Hrsg.): Datenreport 2004. Bonn: Bundeszentrale für politische Bildung 2004

Stolz, U./Thiel, T.: Kinder gemeinsam in die Welt begleiten – Elternbildung und Erziehungspartnerschaft als Angebot des Kindergartens. In: Tschöpe-Scheffler, S. (Hrsg.): Konzepte der Elternbildung – eine kritische Übersicht. Opladen: Verlag Barbara Budrich 2005, S. 199–212

Tschöpe-Scheffler, S.: Elternkurse auf dem Prüfstand. Wie Erziehung wieder Freude macht. Opladen: Leske + Budrich 2003

Tschöpe-Scheffler, S. (Hrsg.): Konzepte der Elternbildung – eine kritische Übersicht. Opladen: Verlag Barbara Budrich 2005

Webster-Stratton, C.: Advancing videotape parent training: A comparison study. Journal of Consulting and Clinical Psychology 1994, 62, S. 583–593

Wetzels, P.: Gewalterfahrungen in der Kindheit. Sexueller Mißbrauch, körperliche Mißhandlung und deren langfristige Konsequenzen. Baden-Baden: Nomos 1997

Wolff Metternich, T.,/Plück, J./Wieczorrek, E./Freund-Braier, I./Hautmann, C./Brix, G./Döpfner, M.: PEP – Ein Präventionsprogramm für drei- bis sechsjährige Kinder mit expansivem Problemverhalten. Kindheit und Entwicklung 2002, 11, S. 98–106

Internetadressen

Familienbildungsprogramme
www.familienhandbuch.de/cmain/f_Fachbeitrag/a_Familienbildung.html

Freiheit in Grenzen. Eine interaktive CD-ROM zur Stärkung elterlicher Erziehungskompetenzen für Eltern mit Kindern zwischen 6 und 12 Jahren. Autor: Klaus A. Schneewind. Projektförderung: Bayerisches Staatsministerium für Arbeit und Sozialordnung, Familie und Frauen.
www.freiheit-in-grenzen.org

Starke Eltern – starke Kinder. Der Elternkurs des Deutschen Kinderschutzbundes. Autorin: Paula Honkanen-Schoberth.
www.starkeeltern-starkekinder.de

Systematisches Elterntraining – STEP. Autoren: Don Dinkmeyer sen., Gary D. McKay, Don Dinkmeyer jr.
www.instep-online.de

Triple P – Das Positive Erziehungsprogramm. Autor: Matthew R. Sanders.
www.triplep.de

Werner Lachenmaier

Familienbildung im Internet – am Beispiel des Online-Familienhandbuchs

Elternbildung im Internet – warum und wozu?

Kinder zu haben bringt Freude. Kinder zu erziehen bringt aber auch eine große Verantwortung. Erzieherinnen wissen das. Eltern erfahren es spätestens dann, wenn sie ihr erstes Kind bekommen. Sie fühlen sich verantwortlich für das Wohlergehen ihres Kindes, für seine Entwicklung und Förderung. Da tauchen dann die vielfältigsten Fragen auf, mit denen die meisten vorher noch nie in Berührung kamen, z. B. „Wie ist das mit dem Kindergeld?" „Entwickelt sich unser Kind normal?" „Soll ich mein Kind impfen lassen?" „Wie können wir es bestmöglich fördern?"

Doch Eltern haben nicht nur einen immensen Informationsbedarf. Früher oder später tauchen auch kleinere oder größere Probleme auf, z. B. „Schreit mein Kind zu viel?" „Wie kann ich es zur Sauberkeit erziehen?" „Mein Kind spricht (noch) nicht richtig!" „Unser Kind ist eifersüchtig auf sein Geschwisterchen". Mit solchen und vielen anderen Problemen suchen Eltern dann Rat und Hilfe bei anderen.

Eine erste Anlaufstation für viele Eltern ist der Kindergarten. Erzieherinnen werden als kompetente Expertinnen für alle Fragen der Erziehung und des Lebens mit Kindern angesehen. Dies ist auf der einen Seite ein großer Vertrauensbeweis, stellt die Erzieherinnen auf der anderen Seite aber auch vor große Aufgaben. Viele Anfragen von Eltern nach Informationen und Tipps müssen in unzähligen Einzelgesprächen individuell beantwortet werden. Viele Probleme mit dem Kind und im Familienleben wollen angehört und erörtert werden. Das ist für die Erzieherin mit einem immens hohen Zeitaufwand verbunden, der bei der Zeit für die Erziehung und Bildung der Kinder fehlt. Und außerdem: Auch die beste Erzieherin kann nicht auf jede Frage eine Antwort und für jedes Problem eine Lösung parat haben.

Zu einer funktionierenden Erziehungs- und Bildungspartnerschaft zwischen Erzieherinnen und Eltern gehört es daher auch, Eltern bei Bedarf auf andere ergänzende Informationsquellen hinzuweisen. Dafür kommen in erster Linie Elternzeitschriften in Frage (z. B. „Eltern", „Familie & Co.", „Mobile-Familienmagazin" u. a.). Ausführlichere Darstellungen bieten Ratgeberbücher für Eltern, die in einer riesigen Auswahl auf dem Markt sind.

Einen modernen, sehr nützlichen und bequemen Weg der Beschaffung von Informationen aller Art bietet heute das Internet. Bereits neun von zehn Haushalten mit Kindern verfügen über einen Computer. Sieben von zehn Familien haben auch schon einen Internet-Zugang. Deshalb liegt es nahe, Informationen für Eltern zu allen sie interessierenden Bereichen (Kinder, Elternschaft, Familienleben, Gesundheit usw.) online im Internet zur Verfügung zu stellen. Diese stets verfügbaren und aktuellen Angebote können andere Informationsquellen und Beratungsangebote nicht ersetzen, aber sinnvoll ergänzen. In den letzten Jahren haben sich einige so genannte „Familien-Portale" im Internet etabliert.

Elternportale und -ratgeber zu Kindern und Erziehung (eine Auswahl)

Online-Familienhandbuch (www.familienhandbuch.de)

Ein vom Staatsinstitut für Frühpädagogik (IFP) herausgegebenes Internet-basiertes Handbuch für Eltern, Erzieher, Lehrer, Wissenschaftler und andere Interessierte. 1600 Artikel und Aktuelles zu Themen rund um Kindererziehung und Familienleben. Eine Suche nach Stichwörtern ist möglich. Ein Familienforum steht zum Austausch zur Verfügung. Es gibt Informationen in acht Sprachen.

Familienberater (www.familienberater.info)

Interaktives Portal für Familien mit Informationen, aktuellen Pressemeldungen, Ratgebern, Rechtsinformationen und Tipps zu den Bereichen Familien- und Jugendhilfe, allein erziehend, Pflegeeltern. Ein Newsletter kann kostenlos bezogen werden.

Familien-Wegweiser (www.familien-wegweiser.de)

Der Familienwegweiser des Bundesministeriums für Familien, Senioren, Frauen und Jugend bietet aktuelle Informationen und Tipps zu den

Themen: Eltern werden, Eltern sein, Kinderbetreuung, Arbeit, Gesundheit und Wohnen.

Hoppsala.de (www.hoppsala.de)

Mitmach- und Informationsportal für Familien. Informationen und Adresslisten zu Kinderbetreuungsplätzen; Kindererziehung, Gesundheit, Freizeit, Kreatives. Verschiedene interaktive Angebote wie z. B. Expertenforum, Kontaktecke, Familienforen.

Kidnet.de (www.kidnet.de)

Internetportal für Eltern mit breitem Informationsangebot über Kinder (Schwangerschaft, Erziehungsfragen, Pädagogik, Bildung, Gesundheit, Reisen …). Interaktive Foren, Expertenratschläge, Nachhilfe- und Babysitterbörse.

Kinder.de (www.kinder.de)

„Informationen, Kontakte und Unterhaltung für Eltern und Kinder – Informationen und Erfahrungen aus erster Hand, egal ob Sie sich ein Kind wünschen, Fragen zur Schwangerschaft haben oder Ihr Kind in die Schule kommt."

Mobile-Familienmagazin (www.mobile-familienmagazin.de)

Internetportal zur Zeitschrift mobile-familienmagazin für junge Eltern und ihre Kinder. Die Informationen richten sich insbesondere an Eltern von Kindergartenkindern.

Treffpunkt Eltern (www.treffpunkteltern.de)

Elternportal mit den Servicethemen Eltern, Kinder, Familienrecht. In Artikeln und Links werden Informationen für Eltern bereitgestellt. Zum jeweiligen Themengebiet wird ein Forum angeboten.

VITAWO – Leben in der Familie (www.vitawo.de)

VITAWO ist ein Familienangebot der Arbeiterwohlfahrt in Deutschland. Das Portal bietet umfassende Informationen (u. a. zu den Themen Kindergarten und Erziehung), Erfahrungsaustausch, kompetente Beratung und die Möglichkeit, national bzw. lokal Familienangebote zu suchen.

Daneben gibt es Familienportale und Elternratgeber-Seiten der meisten Bundesländer und einiger Städte sowie kommerzielle und private Angebote. Am Beispiel des Online-Familienhandbuchs werden die wichtigsten Merkmale und Vorzüge der Online-Angebote für Eltern dargestellt.

Das Online-Familienhandbuch als Form präventiver Familienbildung und -beratung

Um die Nachteile bzw. Zugangsbarrieren von Bildungsveranstaltungen für Eltern zu vermeiden, startete das Staatsinstitut für Frühpädagogik in München mit Unterstützung des Bundesfamilienministeriums und des Bayerischen Staatsministeriums für Arbeit und Sozialordnung, Familie und Frauen im Jahr 2001 ein entsprechendes Portal im Internet: das Online-Familienhandbuch mit der Internet-Adresse www.familien handbuch.de.

Das übergeordnete Ziel des Online-Familienhandbuchs – Stärkung der Erziehungskompetenz in der Familie – erfolgt durch die Bereitstellung von Informationen, die dazu beitragen,

- Familienerziehung erfolgreich zu praktizieren,
- Familienleben bedürfnisorientiert zu gestalten,
- den Lebens- und Familienzyklus möglichst problemlos zu durchlaufen,
- sich in der Partnerschaft und Elternschaft positiv weiterzuentwickeln.

Als Leitlinien für das Familienhandbuch gelten folgende wichtige Prinzipien:

- Orientierung an Lebens- und Familienphasen,
- Orientierung am Alltag von Müttern, Vätern und Kindern,
- Berücksichtigung aller Familienfunktionen,
- Berücksichtigung besonderer Lebens- und Übergangssituationen,
- Beachtung besonderer Belastungen von Familien,
- ko-konstruktivistische Perspektive (Eltern reden und gestalten mit!),
- Meinungsvielfalt,
- Überparteilichkeit,
- hohe Fachlichkeit,
- Verständlichkeit.

Inhalte

Die Erziehungskompetenz von Eltern wird im Online-Familienhandbuch gefördert durch:

- detaillierte, leicht verständliche Informationen über die Entwicklung von Kindern und Jugendlichen; differenziert nach den verschiedenen Entwicklungsphasen und -bereichen,
- Fachbeiträge zur sozialen, kognitiven, emotionalen, motorischen, moralischen, ästhetischen, Sexual-, Medien- und Persönlichkeitserziehung,
- die Betonung von Gewaltfreiheit in der Erziehung,
- die Behandlung immer wieder auftauchender Erziehungsfragen,
- Informationen über die Ursachen von Erziehungsproblemen und Ratschläge für den Umgang mit ihnen,
- Beschreibung entwicklungsfördernder Aktivitäten, Spiele und Medien,
- Artikel über die verschiedenen Kinderbetreuungsangebote und Schulformen, über die Erziehungspartnerschaft zwischen Eltern und Erzieherinnen bzw. Lehrer/innen sowie über die Lösung von Problemen mit diesen Institutionen,
- Informationen über die besondere Situation von Kindern in Scheidungs-, Teil- und Stieffamilien sowie über mögliche Formen der Unterstützung durch die Eltern,
- Fachbeiträge über den Umgang mit behinderten Kindern in der Familie, differenziert nach den verschiedenen Altersstufen und Behinderungsarten,
- Hinweise auf Erziehungsberatungsstellen und andere Einrichtungen, die bei Auffälligkeiten in der kindlichen Entwicklung und bei Erziehungsproblemen helfen können.

Zu all diesen Themenbereichen werden insgesamt mehr als 1600 Fachbeiträge zur Verfügung gestellt, die von einem interdisziplinär zusammengesetzten Redaktionsteam eingeworben, redigiert oder selbst verfasst wurden. Die meisten Artikel weisen auch auf weiterführende Literatur und Internet-Angebote hin. Außerdem werden aktuelle Fragen aufgegriffen, die von den Familien an die Redaktion gerichtet werden. Laut dem Prinzip der Ko-Konstruktion werden Eltern somit in die Entwicklung des Online-Familienhandbuchs eingebunden.

Zur besseren Übersichtlichkeit sind die Artikel in 23 Rubriken eingeteilt, die sich wieder auf vier Ebenen anordnen lassen:

1. *Familienerziehung* umfasst die Rubriken Erziehungsbereiche und Erziehungsfragen, Aktivitäten mit Kindern, häufige Probleme sowie grundlegende Themen der kindlichen Entwicklung.

2. Die Ebene *Familienleben* beginnt mit Beiträgen zu den Themen Partnerschaft und Elternschaft sowie Trennung/Scheidung und Teil- und Stieffamilien. Außerdem werden hier die Bereiche Gesundheit, Ernährung, Haushalt/Finanzen und Behinderung behandelt.

3. Die öffentlich zugänglichen *Angebote für Familien* und ihre Mitglieder enthält eine dritte Ebene. Alle Arten der Kindertagesbetreuung werden ebenso beschrieben wie Themen zum Bereich „Schule". Außerdem finden Eltern hier wichtige und aktuelle Informationen zu Leistungen für Familien sowie konkrete Angebote und Hilfen. Beiträge aus der Familienpolitik und zu rechtlichen Fragen runden diese Ebene ab.

4. *Wissenschaftliche Fachbeiträge* sind auf einer vierten Ebene zusammengefasst und behandeln Themen aus der Kindheitsforschung und der Jugendforschung. Auch Ergebnisse aus der Familienforschung sowie der Familienbildung sind hier zu finden. Erzieherinnen und andere Berufsgruppen, die mit Kindern und/oder Familien arbeiten, erhalten wertvolle Hintergrundinformationen.

Sämtliche Rubriken enthalten Listen mit weiterführenden einschlägigen Links zum jeweiligen Themenbereich.

Das integrierte Familienforum bietet Eltern und anderen Nutzer/innen eine gute Möglichkeit, sich über die Artikel des Familienhandbuchs und über eigene Erziehungs- und/oder familiäre Probleme auszutauschen. Diese Möglichkeit wird sehr häufig und intensiv genutzt. Daher ist das Forum zur besseren Übersichtlichkeit in fünf Unterbereiche eingeteilt: Ehe/Partnerschaft, Trennung/Scheidung, Kindererziehung, Unterhalt/Sorgerecht und Kommentare zu Beiträgen des Familienhandbuchs.

Vorteile von Internet-Seiten zur Elterninformation und -bildung

Internet-Angebote können andere Wege der Familienbildung wie z. B. Kurse und Gesprächsgruppen, Elternbriefe, -zeitschriften und -bücher nicht ersetzen. Als ergänzendes Angebot zu diesen bieten sie aber einige entscheidende spezifische Vorzüge, u. a.:

■ Sie decken einen ungleich größeren Sektor des Familienzyklus ab, von der Familienplanung eines jungen Paares bis zum Auszug der volljährigen Kinder, aber auch bis hin zu Trennung, Scheidung und deren Folgen.

■ Eltern – und auch alle anderen Interessierten – finden sehr viel mehr Themen als in jedem anderen Elternbildungsangebot.

■ Besser als Veranstaltungen, Bücher, Elternbriefe und -zeitschriften eignen sich Internet-Portale auch als stets verfügbare Nachschlagewerke, die dank einer komfortablen Suchfunktion auf Tastendruck die Information liefern, die man gerade braucht.

■ Angebote im Internet stehen ihren Nutzerinnen und Nutzern in der eigenen Wohnung zur Verfügung – gleichermaßen in der Stadt wie auch auf dem Land – und müssen nicht erst aufgesucht werden. Dies bedeutet ein sehr niederschwelliges Angebot, das Schwellenangst und Aufwand zur Erreichbarkeit (Fahrten) vermeidet.

■ Das Internet-Angebot steht rund um die Uhr sieben Tage in der Woche zur Verfügung und kann genau dann abgerufen werden, wenn die Information benötigt wird und die Nutzer/innen Zeit und Gelegenheit dazu haben. Somit werden auch die Bedürfnisse von Menschen mit unregulären Arbeitszeiten berücksichtigt.

■ Die Nutzung verursacht keine nennenswerten Kosten, abgesehen von denen für die Zeit des Surfens im Internet.

■ Das Medium Computer und Internet macht das Surfen und Stöbern auch für Väter und Jugendliche interessanter. Diese Gruppen werden von herkömmlichen Familienbildungsangeboten kaum erfasst.

■ Die Nutzung – sei es zur Gewinnung von Informationen oder zum Meinungsaustausch im Forum – erfolgt anonym. Nutzer müssen nicht ihre Probleme, Belastungen und Fragen vor anderen Personen ausbreiten, z. B. Eheprobleme o. Ä.

■ Die meisten Internet-Angebote sind frei und kostenlos zugänglich. Staatlich geförderte Websites wie das Online-Familienhandbuch und der Familien-Wegweiser sind zudem nicht-kommerziell und frei von Werbung.

Aus diesen Gründen können Erzieherinnen mit gutem Gewissen Rat suchende Eltern auf diese Internetangebote hinweisen. Beziehen sich die Fragen hingegen z. B. auf die Entwicklung des Kindes in der Kindertageseinrichtung, auf dort auftretende Probleme oder auf die pädagogische Arbeit der Fachkräfte, kann auf ein Elterngespräch nicht verzichtet werden. Dies gilt erst recht bei einem Beratungsbedarf der Eltern.

Monika Springer

Elternbildung bei Familien mit Migrationserfahrung

Migrantenkinder prägen in allen größeren Städten der Bundesrepublik den Alltag in den Kindertagesstätten. In den Kindertageseinrichtungen werden die Weichen für die Entwicklung und Förderung der Kinder gestellt. Zu den interkulturellen Kompetenzen, über die das Fachpersonal zur Gestaltung des Alltags verfügen muss, gehört die Arbeit mit Familien mit Migrationshintergrund.

Die Regionalen Arbeitsstellen zur Förderung von Kindern und Jugendlichen aus Zuwandererfamilien (RAA) in Nordrhein-Westfalen sind Einrichtungen von Kommunen und Kreisen, gefördert durch das Land NRW. 1980 wurden in NRW die ersten RAA eingerichtet – ein Modellversuch, dessen Ergebnisse überzeugten. Heute gibt es in NRW 27 RAA. Die RAA entwickeln Konzepte und Strategien interkultureller Erziehung, die Kinder und Jugendliche stärken und unterstützen, um in Schule und Arbeitswelt erfolgreich zu sein. Die RAA haben von Anbeginn ihrer Arbeit die Arbeit mit Eltern in die entwickelten Konzepte mit einbezogen.

Modul interkulturelle Elternarbeit für die Ausbildung von Erziehern und Erzieherinnen

Die RAA sind Partner bei der Entwicklung und Verwirklichung eines interkulturellen Profils einer Bildungseinrichtung. Sie haben gemeinsam im Arbeitskreis des RAA-Verbundes IKEEP (Interkulturelle Erziehung im Elementar- und Primarbereich) Bausteine[1] für die Aus- und Fortbildung von interkulturellen Erzieherinnen entwickelt. Ziel ist, die Kompetenzen der Erzieherinnen zu stärken, allen Kindern gerecht werden zu können. Zu den Bausteinen für die Aus- und Fortbildung gehört der Baustein 5: Öffnung der Einrichtung zum Gemeinwesen, Modul: Interkulturelle Elternarbeit. Die Arbeit mit Eltern in einer multikulturell zu-

sammengesetzten Einrichtung gehört für die RAA zum festen Bestandteil einer interkulturellen Arbeit. Würde auf die Arbeit mit den Eltern
mit Migrationshintergrund verzichtet, würde quasi in Kauf genommen,
dass ihnen ihre Kinder entfremdet werden. Eltern aber sind viel zu wichtige Sozialisationspartner ihrer Kinder. Oft stimmen die Vorstellungen
der Kindertagesstätte nicht überein mit den Erziehungs- und Bildungs-
vorstellungen der Eltern. Eltern soll Mut gemacht werden, ihre Vorstellungen einzubringen. Ihnen sollten Möglichkeiten der Förderung ihrer
Kinder aufgezeigt werden. Wenn sie in diesen Prozess einbezogen werden, können sie selber entscheiden, ob sie ihn unterstützen oder sich
mit den Verantwortlichen über ihnen problematisch erscheinende Ansätze auseinander setzen.

Eltern zugewanderter Kinder sind außerdem wichtige Experten für
ihre eigene Kultur. Folgt die Einrichtung einem biographischen Ansatz,
der die Lebenswelt aller Kinder im Blick hat, so sind die Eltern Experten
für wichtige Informationsquellen über Gebräuche, Feste und Speisen,
die oft aufgrund der kulturellen Vielfalt der Zugezogenen nicht anders
zu erschließen sind.

Vor der Arbeit mit Eltern sollte das Team einer Einrichtung klären,
wer die Adressaten sein werden: Sind es die Väter oder die Mütter oder
sind es beide Elternteile? Sind es die Eltern zugewanderter oder die ein-
heimischer Kinder oder beide gemeinsam? Auch sollte der Zweck der
Zusammenarbeit mit den Eltern geklärt werden: Ist es eine sporadische
Zusammenkunft oder ist die interkulturelle Arbeit mit Eltern fester Bestandteil des Konzepts der Kindertageseinrichtung? Wie kann erreicht
werden, dass sich alle Eltern an den Mitbestimmungsgremien beteiligen?
Kann ein Müttertreff zum Auftakt in eine qualitative Arbeit eingerichtet
werden? Können Weiterbildungsangebote für Eltern in der Einrichtung
stattfinden?

Konzepte der RAA für eine interkulturelle Arbeit mit Eltern

Die RAA haben einige Konzepte entwickelt, die sie als Angebote an Kindertageseinrichtungen zur Verwirklichung einer interkulturellen Arbeit
mit Eltern vermitteln:

- Die RAA Gelsenkirchen hat ein Konzept für ein Elterndiplom entwickelt, das ist eine Seminarreihe zu Erziehungsfragen, die im Laufe

von mindestens sieben Wochen bei zwei Kursstunden pro Woche
vermittelt werden.

▪ Die RAA Duisburg hat zweisprachige Kontaktpersonen für eine Brückenfunktion zwischen Elternhaus und Kindertageseinrichtung instal-
liert, die unterstützend wirken durch eine in Sprache und Lebenslage
der Zugewanderten vertrauten und vertrauenswürdigen Person. Mit
ihren Kompetenzen und Erfahrungen in Deutsch und ihrer Her-
kunftssprache, in Erziehungsfragen sowie den jeweiligen soziokulturellen Besonderheiten haben sie eine wichtige Brückenfunktion immer
dort, wo Barrieren zwischen Elternhaus und Bildungsinstitutionen abgebaut werden müssen.

Das Projekt Rucksack

Rucksack ist ein Projekt der RAA, das die Bildungsarbeit mit Eltern als
festen Bestandteil aufweist. Es kann zudem verbunden werden mit den
zwei oben skizzierten Ansätzen aus Duisburg und Gelsenkirchen.

Durch die Schullaufbahn vieler Kinder aus Zuwandererfamilien zieht
sich die Feststellung, dass ihre Sprachkenntnisse im Deutschen unzureichend sind. Für den Erfolg in der Zweitsprache zeigt sich, dass der Erstsprache eine große Rolle zukommt. Verfügt ein Kind in seiner Muttersprache über ausgebildete Sprachstrukturen, so kann es auch erfolgreich
eine Zweitsprache erlernen.

Der Arbeitskreis IKEEP entdeckte in Rotterdam bei der Stiftung de
Meeuw das Rucksackprogramm[2]. Der Arbeitskreis adaptierte das Programm und übersetzte bzw. überarbeitete es für den Einsatz in Deutschland. Der interkulturelle und interaktive Ansatz wurde herausgearbeitet
und der Lebensweltbezug für die Bedingungen in Deutschland hergestellt. Seit 1999 steht ein Materialpaket für die Erprobung zur Verfügung, und zwar in Deutsch, Türkisch, Italienisch, Griechisch, Russisch
und Arabisch. Die spanische und serbische Übersetzung sind derzeit in
Bearbeitung. Weitere Übersetzungen und Bearbeitungen des Materials
können sich aus der Praxis ergeben.

Neben dem „Rucksack 1" für Kindergartenkinder zwischen 4 und 6
Jahren bestehen weitere Projektteile:

▪ *„Griffbereit"*, Mütter-Kind-Gruppen für Kleinkinder von 1 bis max. 4
Jahren; anzusiedeln in Familienbildungs- und Tageseinrichtungen;

■ „*Rucksack 2*" für Grundschulkinder, Eltern und Lehrer; erfolgreiche Erprobung in einigen Essener Grundschulen ist abgeschlossen und das Programm kann übertragen werden.

Zielsetzungen des Rucksackprogramms

1. Die Förderung von Mehrsprachigkeit bei Migrantenkindern: Die Wertschätzung der Muttersprache bedeutet auch Erziehung zu Respekt vor anderen Werten. Die Förderung der Erstsprache ist Voraussetzung für den Erwerb der Zweitsprache. Mehrsprachigkeit ist eine Schlüsselqualifikation für soziale und berufliche Teilhabe in dieser Gesellschaft.

2. Die Stärkung der Erziehungskompetenz: Die Mütter[3] sollen als Erziehungsexpertinnen gestärkt werden und Verantwortung für Erziehung und Bildung ihrer Kinder übernehmen.

3. Die Stärkung des Selbstwertgefühls der zugewanderten Mütter und deren Kinder: Selbstbewusstsein und Selbstwertgefühl der zugewanderten Mütter werden gestärkt, und das Anknüpfen an ihre Stärken wird angeregt. Ihnen wird der Wert der vorschulischen Förderung ihrer Kinder vermittelt. Das gestärkte Selbstbewusstsein der Mütter drückt sich in einer verantwortlichen Mitarbeit und in einer Auseinandersetzung mit den Erzieherinnen über die Ziele der Einrichtung aus. Die Kontaktaufnahme zu Müttern bzw. Eltern der eigenen kulturellen Gruppe und der Mehrheitsgesellschaft wird dadurch erleichtert. Damit geht eine Stärkung in der Entwicklung der Kinder einher.

4. Die Stärkung der interkulturellen Pädagogik und des Mehrsprachenkonzepts der Einrichtung: Die Einrichtung übernimmt die Verantwortung für die Entwicklung der Kinder in Bezug auf ihre Mutter- und Zweitsprache. Sie entwickelt ein Konzept für Mehrsprachigkeit und Interkulturalität. In diesem Rahmen öffnet sie sich für ein interkulturelles Team und die teilhabende Rolle der Eltern. Ein gleichbedeutender Schritt ist die Öffnung des Teams bzw. des Trägers für die Beschäftigung von muttersprachlichen Kräften in der Einrichtung.

Rucksackmodelle (Typen)

In NRW haben sich seit Beginn des Rucksackprojektes im Jahre 1999 zwei unterschiedliche Modelle bewährt.

1. In dem *Modell 1* werden Mütter, die sowohl ihre Muttersprache als auch die deutsche Sprache gut beherrschen, zu Stadtteilmüttern bzw. Elternbegleiterinnen ausgebildet, die jeweils eine Müttergruppe, deren Kinder die Kindertageseinrichtung besuchen, für Sprach- und Entwicklungsaktivitäten anleiten.

2. In dem *Modell 2* führen Erzieherinnen mit Migrantenherkunft, die bereits in der Einrichtung arbeiten, eine Müttergruppe in Sprach- und Entwicklungsaktivitäten ein.

Die Umsetzungsstruktur des Rucksackprogramms ist abhängig von den örtlichen Bedingungen wie z. B. den finanziellen und personellen Ressourcen. Vor diesem Hintergrund haben sich in der praktischen Umsetzung auch andere Rucksacktypen entwickelt und bewährt.

Grundsätzlich ist die Durchführung des Programms für die Dauer von neun Monaten vorgesehen. Eine Rucksackgruppe setzt sich im Idealfall aus 7 bis 10 Müttern zusammen.

Methodische Vorgehensweise

Das Programm „Rucksack" setzt in den beteiligten Kindertageseinrichtungen bzw. Grundschulen einen Organisationsentwicklungsprozess in Gang. Es handelt sich nicht um eine angegliederte Maßnahme, sondern das Programm erfordert die Veränderung aller in der Kita Agierenden. Mütter und Erzieherinnen werden Partner für die Entwicklung der Kinder. Durch diese Partnerschaft wird weitgehend eine Parallelisierung der Angebote in der Erst- und Zweitsprache intendiert.

Das Konzept geht die Förderung von Kindern im Elementarbereich mehrdimensional und systemisch an: Es berücksichtigt die Entwicklung der Kinder in Bezug auf ihre Lebenswelt und ihre Familie. Es berücksichtigt ebenso das Bildungssystem Kindertagesstätte und die in ihm Agierenden. Rucksack zielt auf die Förderung der Muttersprachenkompetenz, auf die Förderung des Deutschen und auf die Förderung der allgemeinen kindlichen Entwicklung ab. Dabei werden die Mütter als Expertinnen für das Erlernen der Erstsprache angesprochen, nicht orientiert an ihren Defiziten, sondern an ihren Stärken. Durch Anleitung und mit Hilfe von Arbeitsmaterialien werden sie auf die Förderung der Muttersprache vorbereitet. Mütter werden so in ihrer Sozialisationskompetenz gestärkt. Sie lernen den Wert von Bilderbüchern, Literatur, Liedern, den Wert des Spielens sowie Malens und der Verbindung von Sprache und Handeln für die Entwicklung ihres Kindes in der alltäglichen Beschäftigung kennen. In der Regel gehören die am Programm beteiligten Mütter der bildungsfernen Schicht an. Mit der kontinuierlichen Vermittlung des Programms über neun Monate wächst auch ihre muttersprachliche Kompetenz – ein Zuwachs, der sich unmittelbar für die Sprachentwicklung ihrer Kinder auswirkt. Das Programm entspricht in seinem strukturierten Aufbau den Lernvorerfahrungen der Mütter mit Migrationshintergrund.

Die Anbindung an die Kindertagesstätte ist sehr wichtig und unumstößlicher Bestandteil des mehrdimensionalen Konzepts, denn hier soll parallel zu der Arbeit mit den Müttern die Förderung in der deutschen Sprache erfolgen. Die Kindertagesstätten verpflichten sich, das Programm der Mütter mit ihrem Konzept der Zweitsprachenvermittlung zu koordinieren. Die Erzieherinnen kennen das Programm genauso wie die Eltern; sie sollen es aber nicht genau so wie die Eltern umsetzen, sondern das Thema der Woche möglichst parallel in ihren Kindergartenalltag situationsorientiert sprachlich integrieren. Die Erzieherinnen werden durch die RAA mit Fortbildungsangeboten auf diese Aufgabe vorbereitet.

Evaluation – Ergebnisse

In NRW sind zum Stand Oktober 2004 insgesamt 145 „Rucksack 1-Gruppen" in 25 Kommunen entstanden (Beginn des Projektes war 1999). In ihnen wurden ca. 1200 Mütter auf die spielerische Sprach- und Entwicklungsarbeit mit ihren Kindern über 9 Monate hinweg vorbereitet. Inzwischen wird auch außerhalb von NRW in 11 Kommunen in Bayern, Baden-Württemberg, Schleswig-Holstein und Niedersachsen dieses Programm eingesetzt. Insgesamt arbeiten ca. 1400 Mütter Jahr für Jahr mit dem Rucksack-Programm. Alle beteiligten Kommunen bzw. Kooperationspartner haben aufgrund der guten Erfahrungen und der regen Inanspruchnahme des Projekts durch die Adressatinnen im zweiten Jahr ihr finanzielles Engagement erhöht. Die Erfahrungen der RAA durch die Umsetzung des Rucksack-Projektes sind in die Richtlinien des Landes NRW über die Gewährung von Zuwendungen für Angebote zur Sprachförderung im Elementarbereich eingeflossen.

Das Projekt wird in einer breiten Öffentlichkeit positiv wahrgenommen. Es ist in der Zwischenzeit mit zwei Preisen ausgezeichnet worden. Im Rahmen einer formativen Evaluation in den Jahren 2000 und 2002 wurden in der Stadt Essen alle Projektbeteiligten schriftlich zu den Auswirkungen des Projektes befragt[4]. Die Ergebnisse spiegeln die guten Erfahrungen aus den verschiedenen Kommunen und Kreisen wider; sie sind deshalb tendenziell auch auf andere Rucksackgruppen übertragbar.

Die wichtigsten Ergebnisse aus dieser Evaluation:

1. *Verhältnis zwischen Müttern und Erzieherinnen:* Die Mütter beurteilen das Projekt äußerst positiv. Sie beschreiben Veränderungen sowohl im Verhältnis zur Tagesstätte als auch zu ihrem Kind und innerhalb der Familie. Die Mehrzahl von ihnen tritt nun selbstbewusster auf und traut sich, ihre Meinung zu äußern. Von der Mehrheit der befragten Erzieherinnen wird ein größeres Interesse der beteiligten Mütter wahrgenommen. Bei fast zwei Dritteln der Erzieherinnen hat das Projekt zu einem besseren Verständnis für die Situation nichtdeutschsprachiger Kinder und ihrer Familien geführt.

2. *Sprachentwicklung:* Sowohl die Mütter als auch die Erzieherinnen gaben an, dass die Sprachkompetenz sowohl in der Mutter- als auch in der Zweitsprache Deutsch deutlich besser geworden ist.

3. *Interaktion Mutter-Kind:* Das Verhältnis zwischen den am Projekt teilnehmenden Müttern und ihren Kindern hat sich positiv entwickelt, was sich u. a. in mehr Beschäftigung mit dem Kind äußert. Die Mütter haben die Bedeutung von Sprache erkannt, d. h. Sprechen in Alltagssituation hat einen höheren Stellenwert bekommen. Die Kinder werden jetzt an alltäglichen Dingen wie Hausarbeit oder Backen beteiligt oder gehen seither mit der Mutter einkaufen.

4. *Weitere Wirkungen:*
   – Über die Elternbildungsarbeit sind neue Aktivitäten mit Eltern/ Müttern erwachsen wie z. B.: Vorlesepaten, Sportgruppen, Gesprächskreise.
   – Bei 77 Prozent der Mütter wurde das Interesse für das Erweitern der eigenen Deutschkenntnisse geweckt.
   – Die Lernfreude der Kinder wird verstärkt.
   – Eltern trauen sich mehr Ideen und Wünsche zu äußern und suchen das Gespräch.

- Eltern werden von den Mitarbeiterinnen der Kitas stärker akzeptiert.
- Mitarbeiterinnen der Kitas nehmen vermehrt an Fort- und Weiterbildungen zum Spracherwerb und zur interkulturellen Pädagogik teil.
- Das eigene Sprachverhalten wird bewusster beobachtet.
- Grundschulen nehmen eine Verbesserung in der (Sprach-)Entwicklung der am Programm beteiligten Kinder wahr.
- Der anfängliche Widerstand der Kitas gegen das „verschulte" Material hat sich in positive Akzeptanz gewandelt.
- Die Kindergartenarbeit ist für Migranteneltern transparenter geworden.

Einige Stimmen aus der Praxis
Mütter:
- „Vorher habe ich nicht daran gedacht, dass die frühe Förderung von Kindern so notwendig ist."
- „… ich möchte, dass unsere Kinder einmal das gleiche Niveau erreichen wie deutsche Kinder."
- „Vor Rucksack haben wir nur darauf geachtet, dass unsere Kinder genug essen, schlafen und trinken, jetzt achten wir mehr auf die Bedürfnisse unserer Kinder und die psychologischen Aspekte."

Erzieherinnen:
- „Die Sprachkompetenz der ‚Rucksackkinder' wird besser."
- „Der Kontakt zu den Müttern ist offener und intensiver geworden."

Anmerkungen

[1] Bausteine der RAA zur Aus- und Fortbildung von Erzieherinnen und Erziehern für eine Interkulturelle Arbeit (Hrsg. Arbeitskreis IKEEP der RAA in NRW), S. 60–63

[2] Programma Rugzak 1, Stichting de Meeuw, Rotterdam, 1996

[3] Es hat sich herausgestellt, dass Rucksack 1 und 2 am besten mit Müttern verwirklicht wird. Mütter aus Zuwandererfamilien gehören zu den ersten Ansprechpartnerinnen in Erziehungsfragen. Sollen Mütter und Väter aus z. B. muslimischen Elternhäusern gemeinsam für die Arbeit angesprochen werden, so ist es wahrscheinlich, dass vor den Müttern die Väter kommen, diese aber nicht kontinuierlich an dem Bildungsprogramm teilnehmen werden. Wir haben uns daher dafür entschieden, vorrangig die Mütter als Partner für das Rucksack-Programm zu gewinnen.

[4] Stadtteilmütter-Projekt Interkulturelle Sprachförderung und Elternbildung im Elementarbereich, Teil II, Evaluationsergebnisse der Modellphase, Stadt Essen, RAA/Büro für interkulturelle Arbeit, Januar 2004

Teil III
Die Zukunft der Erziehungs- und Bildungspartnerschaft

Jutta Burdorf-Schulz und Renate Müller

Early Excellence Centres –
Eine neue Form der Elternbildung?

Der Blick über den Tellerrand: Early Excellence Programm und das Pen Green Centre in England

Der Name „Early Excellence" ist Programm und macht den Anspruch deutlich, dass eine bestmögliche frühe Förderung im frühkindlichen Bereich eine wichtige Forderung für den Bildungsbereich ist und mit familienunterstützenden Angeboten gekoppelt sein sollte. Das EEC-Programm wurde 1997 auf nationaler Ebene von der englischen Regierung ins Leben gerufen. Die konzeptionellen Anforderungen verknüpfen einen hohen Qualitätsanspruch an die pädagogische Arbeit mit intensiver Zusammenarbeit mit den Eltern und neuen integrierten Unterstützungs- und Bildungsangeboten für die ganze Familie. Eine Grundvoraussetzung für die Förderung nach diesem Programm ist es, dass Eltern als die ersten Erzieher ihrer Kinder partnerschaftlich in die pädagogische Arbeit einbezogen werden und nach Bedarf Elternbildung, Familienhilfe und weiterführende Angebote vernetzt angeboten werden. Das nationale Förderprogramm „Early Excellence" wurde in England inzwischen in ein noch umfassenderes Programm der „Children Centres" umgewandelt, die Zielsetzungen sind jedoch auch hier integriert. Um einen Eindruck zu vermitteln, wie dieses Programm in der Praxis aussieht, möchten wir eines der ersten Early Excellence Centre vorstellen.

Bei einem Besuch im Pen Green Centre in der ehemaligen Stahlarbeiterstadt Corby wird jedem Besucher schnell deutlich, dass das Besondere dieses Zentrums die positive und ressourcenorientierte Grundhaltung aller Beteiligten ist (www.pengreen.org).

Zwei Prinzipen bilden den Kern und sind Motor für alle Inhalte und Aktivitäten:
1. Das Kind wird individuell in seinen Stärken und Kompetenzen wahrgenommen. Diese zu entdecken, zu beobachten und dann gezielt zu

fördern und zu unterstützen, bildet den Ausgangspunkt aller Aktivitäten.
2. Die Eltern werden als die ersten Erzieher ihrer Kinder wahr- und ernst genommen. Sie werden in die pädagogische Arbeit einbezogen, und gleichzeitig steht die präventive Stärkung der Familien im Mittelpunkt.

Bei der daraus resultierenden Vielzahl von Angeboten für Eltern, Kinder und Familien kann man dann schon mal den Überblick verlieren. Besucher erleben jedoch die kindzentrierte Ausrichtung und Atmosphäre und fühlen sich willkommen. Zur absolut wichtigsten Gruppe, den Kindern im Pen Green Centre, gibt es eigentlich nur zu sagen, dass sie sich sichtbar wohl fühlen und vielfältige Möglichkeiten haben, als kleine Forscher die Welt zu erobern. Sie können sich entscheiden, wie sie ihr Spiel und ihre Aktivitäten gestalten wollen, und erhalten dabei aufmerksame Unterstützung und Anregungen durch die Family-worker („family worker" ist die Bezeichnung für die pädagogischen Fachkräfte). Das Pen Green Centre war eine der ersten Einrichtungen, die in das Programm der EEC in England aufgenommen wurde, und bis heute gehen von hier national und international viele Impulse der Weiterentwicklung im Elementarbereich aus.

Die Entstehung des Projekts: Kinder- und Familienzentrum „Schillerstraße"

Ermöglicht wurde die Entwicklung dieses Projekts durch eine langfristige finanzielle Unterstützung der Heinz und Heide Dürr-Stiftung. Diese private Stiftung, die kulturelle und soziale Projekte hauptsächlich in Berlin fördert, initiierte das Projekt. Im Rahmen einer Recherche für die Stiftung stieß die Psychologin Dr. Annette Lepenies auf das Pen Green Centre in Corby. Das Pestalozzi-Fröbel-Haus (nachfolgend abgekürzt: PFH) wurde als Trägereinrichtung gewonnen, und bei einem Besuch des Pen Green Centres im Mai 2000 überzeugten sich die Verantwortlichen vor Ort von der überzeugenden pädagogischen Arbeit. Es entstand die Idee einer Übertragung, die den hiesigen Rahmenbedingungen angepasst sein sollte.

Umsetzung der Projektidee

Im Juli 2000 wurde die Entscheidung getroffen, als ersten Standort der Übertragung die PFH-Kita „Schillerstraße" auszuwählen. In dieser Kindertagestätte für 115 Kinder und ihren Familien stehen seit September 2001 die Bildungsprozesse der Kinder und die Einbeziehung der Eltern und Familien im Mittelpunkt einer konzeptionellen Neuentwicklung. Außerdem wurde ein kleines Familienzentrum innerhalb des Hauses eingerichtet, wo inzwischen eine Vielzahl von unterschiedlichen Kursen und Gruppen zum Mitmachen und Mitgestalten einladen (www.pfh-berlin.de unter „Modellprojekte"). Bereits in der Startphase wurde mit der Evaluierung des Projekts begonnen.

Da das EEC-Konzept sehr viele Aspekte und Neuerungen enthält, wurden die wichtigsten Säulen dieser Arbeit in folgende Zielsetzungen unterteilt, die richtungweisend für die Weiterentwicklung sind und in enger Vernetzung umzusetzen sind:

■ die Verbesserung der Bildungs- und Betreuungsqualität der Einrichtung,
■ die Entwicklung neuer Formen der Zusammenarbeit mit Eltern,
■ der Aufbau einer integrativen Familienarbeit und eines Familiennetzwerkes.

Verbesserung der Bildungs- und Betreuungsqualität

Die wesentliche pädagogische Grundorientierung ist, dass das Kind aus sich selbst heraus lernen will. Ziel der pädagogischen Arbeit ist es deshalb, ein vielseitiges Lernen zu ermöglichen und Selbstbildungsprozesse der Kinder anzuregen und den Forschungsdrang zu unterstützen. Aufgabe der Erzieherinnen ist es, den Kindern eine reiche, anregende und herausfordernde Umgebung anzubieten, sie in ihrem Tun zu begleiten und zu fördern. Das „freie Spiel" nimmt dabei einen zentralen Platz ein. Das Kind kann zugreifen und begreifen. Es ist eine Herausforderung für alle Mitarbeiterinnen, den Kindern jeden Tag die Chance zu eröffnen, selbstbestimmt zu lernen. Die gezielte Beobachtung (Wahrnehmung) der Kinder nimmt in diesem Prozess eine Schlüsselrolle ein, um, darauf aufbauend, eine individuelle Förderung der Kinder planen zu können. Dieser Prozess wird dokumentiert und auch in der Zusammenarbeit mit den Eltern transparent eingesetzt. Ziel dieses prozessorientierten Beobachtens ist es vor allem, das Kind „im Blick" zu haben und seine individuellen Entwicklungsprozesse zu beachten.

Parallel zur kontinuierlichen Weiterbildung der Mitarbeiterinnen wurde im Jahr 2001 mit einem Austauschprogramm zwischen dem Pen Green Centre in Corby und dem Kinder- und Familienzentrum „Schillerstraße" begonnen. In den folgenden Jahren bekamen alle Erzieherinnen die Gelegenheit, die Arbeitsweise dort vor Ort kennen zu lernen. Insbesondere die Möglichkeit, die Arbeit praktisch durch Hospitationen kennen zu lernen, zeigte einen nachhaltigen Effekt, da die Erzieherinnen so selbst neue Eindrücke in die Arbeit in Berlin einfließen lassen konnten.

Der Prozess der Verbesserung in der pädagogischen Arbeit ist sicherlich nie abgeschlossen, es zeigt sich jedoch zunehmend die positive Resonanz bei allen Beteiligten. Es erweist sich, dass Forschergeist, Kreativität und Entscheidungskompetenz bei den Kindern gestärkt und unterstützt werden.

Die Arbeit im Team hat sich gefestigt und der kreative Austausch unter den Kolleginnen bringt neue Impulse für die Weiterentwicklung. Tägliche Austauschzeiten, wöchentliche Klein-Teambesprechungen, Gesamtmitarbeiterbesprechung und kontinuierliche Fortbildungen sind die Kommunikationsgrundlage des Projekts.

Im Bereich der Dokumentation (Foto-, Videoaufnahmen, Berichte) wird inzwischen für jedes Kind ein Fotobuch, das so genannte Situationsbuch, angelegt. Diese Bücher sind aus der Einrichtung inzwischen kaum noch wegzudenken, da sie zu einem wichtigen Instrument der Kommunikation zwischen Kindern, Eltern und Mitarbeiterinnen geworden sind. Auch die Gestaltung von Entwicklungsordnern und Wandausstellungen zu den Inhalten der Arbeit werden von allen Beteiligten sehr geschätzt.

Entwicklung neuer Formen der Zusammenarbeit mit Eltern

Eine weitere Zielsetzung ist eine intensivierte Zusammenarbeit zwischen Pädagogen und Eltern, um einen gleichberechtigten, aktiven und respektvollen Dialog zwischen Eltern und den Erzieherinnen zu fördern. Der Inhalt dieses Dialogs geht von den kindlichen Lernprozessen aus, die beobachtet werden. Die Erzieherinnen erkundigen sich auch bei den Eltern, was sie zu Hause beobachten, um diese Informationen in die pädagogische Planung einzubeziehen. Somit werden die Eltern als die Experten ihrer Kinder einbezogen und ernst genommen. Dieser Austausch findet in gemeinsamen Entwicklungsgesprächen statt, zu denen die Erzieherinnen zweimal im Jahr einladen.

Weitere Formen der Zusammenarbeit mit Eltern, die sich in die Kita-Arbeit einfügen, sind in den Konzeptbausteinen (2004) des Hauses wie folgt beschrieben:

- Wir laden Eltern ein, nach Terminabsprache bei uns zu hospitieren.
- Wir aktivieren Eltern, an Ausflügen teilzunehmen und uns im täglichen Kita-Leben zu unterstützen. Wir erbitten Unterstützung und sprechen Eltern konkret an, sich aktiv und praktisch zu beteiligen, z. B. bei Raumgestaltung, Renovierungs- und Aufräumarbeiten, Unterstützung beim Schreiben von Berichten und Protokollen.
- Aktive und praktische Mitarbeit bei den zweimal im Jahr durchgeführten Gartenaktionen.
- Wir bieten Möglichkeiten der aktiven und gestalterischen Mitarbeit bei der Organisation von Festen und Feiern, z. B. in Form aktiver Mitarbeit bei der Planung und Durchführung der einzelnen Abteilungsteams oder im Rahmen eines Fest-Komitees.
- Wir laden zu verschiedenen Aktivitäten und Gruppenangeboten im Familienzentrum ein.

Elternabende

Pro Kita-Jahr finden ca. ein bis zwei Abteilungselternabende statt. Sie dienen der Information über unsere Grundprinzipien der pädagogischen Arbeit sowie dem konkreten Austausch darüber mit dem jeweiligen Abteilungsteam. Sie bieten Raum zum gegenseitigem Kennenlernen aller Eltern und dem Team sowie der Struktur des Tagesablaufes. Sie dienen der Information über Aktivitäten im Kita-Jahr und speziell in der jeweiligen Abteilung. Jeweils zum Ende des Kita-Jahres findet in jeder Abteilung ein Auswertungs-Elternabend statt, zu dem die Leitung der Einrichtung einlädt.

Die Bezugsgruppen/Storytime-Elternnachmittage

In Absprache mit der/den Bezugserzieherinnen finden Zusammenkünfte der Eltern, die so genannten „Storytime-Gruppen", statt. Auf diesen Elternnachmittagen stehen die Eltern dieser Gruppe und ihre Kinder im Vordergrund. Sie dienen der Intensivierung von Kontakten der Eltern untereinander, einem detaillierten fachlichen Austausch über die Inhalte und Ereignisse im Kita-Alltag sowie der Vorstellung des Beobachtungs- und Ergebnisbogens und der fördernden Angebote und Bildungsprozesse der einzelnen Kinder. Zum Teil veranschaulichen u. a. kurze Video-Sequenzen, Fotos und entsprechendes Dokumentationsmaterial diese Themen.

Bei den Storytime-Nachmittagen besteht ebenso die Möglichkeit, spezifische Fragen der Eltern einzubeziehen und auf ihre Kinder und deren Entwicklung, ihren Kontakten in der Kindergruppe etc. konkret einzugehen. Der gemeinsame Austausch unter den Eltern sowie zwischen Eltern und Erzieherinnen hat einen wichtigen Stellenwert und dient dem gegenseitigem Kennenlernen, der Akzeptanz und dem Wohlfühlen aller. In diesem Rahmen finden auch statt:

- Kaffeenachmittage,
- Picknicks im Garten oder im Park,
- gemütliches weihnachtliches Beisammensein.

Themen-Elternabende

Wir bieten zu Themen kindlicher Bildungsprozesse und zu Erziehungsfragen, die sich aus dem täglichen Zusammenleben mit Kindern ergeben, abteilungsübergreifende Elternabende an:

- Sie vermitteln Fachinformation,
- ermöglichen ein Kennenlernen der Eltern aus anderen Abteilungen,
- schaffen Raum für gemeinsame Erfahrungen, Erlebnisse mit Kindern,
- bieten die Chance der gegenseitigen Unterstützung und Hilfe bei Problemen sowie dem Entwickeln von Lösungsmöglichkeiten.

Feste und Aktivitäten mit Eltern und Kindern

- Jeweils einmal im Jahr finden Sommerfeste bzw. Weihnachtsfeste statt.
- Regelmäßig am Freitag nach dem 11.11. (Sankt Martin) veranstalten wir mit allen Kindern und Eltern unser traditionsreiches Laternenfest mit Umzug, gemeinsamem Singen am Lagerfeuer, Glühwein und Imbiss.
- Zweimal im Jahr, den Jahreszeiten entsprechend, laden wir ein zur gemeinsamen Gartenaktion mit anschließendem gemütlichem Beisammensein.

Elternausschuss der Einrichtung

Dieser dient der gegenseitigen Information über die Situation der Kinder und der allgemeinen Situation in der Einrichtung. Jeweils mit Beginn des neuen Kita-Jahres werden für ein Jahr in den Abteilungen zwei bis drei Elternvertreter gewählt. Diese wiederum wählen die Gesamt-Elternvertreter/innen. Aufgaben der Elternvertreter ist es, den Informationsfluss zwischen den Eltern der Abteilung, dem Elternausschuss und der Leitung zu gewährleisten sowie gemeinsam mit Leitung und Erzieherinnen Ziele und Methoden der pädagogischen Arbeit zu besprechen. In kooperativer Absprache mit der Leitung des Kinder- und Familienzentrums werden Termine und die Tagesordnung der Sitzungen festgelegt. Die Diskussions-Ergebnisse der Sitzungen werden festgehalten und veröffentlicht. Grundsätzlich ist jede Elternausschuss-Sitzung offen für alle interessierten Eltern.

Die Weiterentwicklung der Zielsetzung „Zusammenarbeit mit Eltern" wird auch in den kommenden Jahren durch Fortbildungen begleitet. Die Entwicklungsgespräche, die hierbei eine zentrale Rolle spielen, wurden durch die Einführung eines Gesprächsprotokolls und eines Familienbuchs, in dem die Eltern Beobachtungen und Erlebnisse mit ihrem Kind zu Hause festhalten können, erweitert. Die Eltern reagieren mit interessierter und positiver Resonanz.

Aufbau einer integrativen Familienarbeit

Anknüpfend und aufbauend auf die pädagogische Arbeit und den Strukturen der Elternarbeit im Haus, besteht das Ziel, ein weit gefächertes Angebot für Familien in der Einrichtung zu etablieren. Analog zum Pen Green Centre wurden extra Räume für die neue Form der Familienarbeit eingerichtet. Da es in der „Schillerstraße" keine leer stehenden Räume gab, wurde im Jahr 2000 darauf hingearbeitet, Räume dafür zu schaffen. Deshalb wurde nach den üblichen Abmeldungen die Kinderzahl reduziert. Bei der Auswahl und dem Umbau der dadurch gewonnenen Platzkapazität wurde auf folgende Kriterien geachtet:

- zentrale Lage innerhalb der Einrichtung,
- separate Eingangs- und Nutzungsmöglichkeit,
- multifunktionale Nutzungsmöglichkeit.

Es wurden zwei ehemalige Gruppenräume (insgesamt ca. 50 qm) zu einem kleinen Familienzentrum umgestaltet. Dazu gehört ein „Offener Eltern-Treffpunkt", wo eine kleine Sitzecke Kontakte der Eltern untereinander und zu den Mitarbeiterinnen ermöglicht. Außerdem kann der Einzelne hier eine kurze Ruhepause einlegen, sich anhand von ausgehängten und ausgelegten Materialien informieren und etwas nachlesen. Schnell bewährte sich dieses Angebot, insbesondere in der Eingewöhnungsphase, für wartende Mütter und Väter.

Im Familienzentrum hat sich die Angebots- und Gruppenstruktur gefestigt und fügt sich in den allgemeinen Kita-Alltag ein. Die Vielfalt der Elternbildungs- und Familienangebote, insbesondere die Angebote für Baby- und Krabbelgruppen, ist inzwischen nicht mehr aus der Einrichtung wegzudenken. In Elterngesprächen wird immer wieder geäußert, dass sich die Familien eine Kita ohne weiterführende Angebote eigentlich gar nicht mehr vorstellen können. Der offene Charakter, der auch die Partizipation von Familien und Gruppen von außen ermöglicht, wird von allen akzeptiert, und der Kreis der Familien, die sich mit dem Kinder- und Familienzentrum „Schillerstraße" verbunden fühlen, hat sich inzwischen sehr erweitert. Das alle zwei Monate erscheinende Programmheft wird in anderen Stadtteil-Einrichtungen und Kindertagestätten verteilt und bietet dadurch auch die Möglichkeit der regelmäßigen Kontaktpflege zu anderen Einrichtungen im Stadtteil. Die stark nachgefragte Nutzung an Wochenenden und an den Abenden zeigt den Bedarf für diese Form der Nutzung von Kindertagesstätten. Um Familien noch weitergehend unterstützen zu können, ist eine verbesserte Vernetzung mit anderen Einrichtungen der Familienhilfe im Stadtteil notwendig. Dadurch wird es möglich, sich gemeinsam für das Wohl von Familien einzusetzen und Übergänge von verschiedenen Familienphasen zu vereinfachen. Ressourcenbündelung und bedarfsgerechte Angebotsstrukturen im Sozialraum unterstützen ein positives Familienleben und den Erziehungsprozess und stärken somit das Gemeinwesen.

Um den Vernetzungsgedanken im Stadtteil stärker anzuregen und zu fördern, wurde von uns im Frühjahr 2004 die Gründung des „Lokalen Bündnis für Familien in Charlottenburg-Wilmersdorf" unter der Schirmherrschaft des Stadtrats für Familie, Schule und Sport initiiert. Dieses Bündnis bietet inzwischen eine Plattform für verschiedene Vernetzungsinitiativen im Stadtteil. So entstand z. B. ein „Runder Tisch der Elternbildung", wo sich Anbieter von Elternbildungsangeboten und Einrichtungen, die diese Angebote in ihre Arbeit integrieren möchten, austauschen und neue Zusammenarbeitsformen entwickeln.

Ausblick auf die Weiterentwicklung

Die Zielsetzung für den weiteren Projektverlauf ist es, die Arbeit im Kinder- und Familienzentrum kontinuierlich weiterzuentwickeln und als eine Art „Labor" für die Erprobung der Konzeption Early Excellence Centre fest zu etablieren.

2004 wurde mit dem Prozess der Übertragung des Konzepts auf andere Kitas des PFH begonnen. Die in der „Schillerstraße" gesammelten Erfahrungen sollen Schritt für Schritt an andere Einrichtungen weitergegeben werden und sind Grundlage der „Transfer Erprobung". Parallel werden außerdem Handreichungen und Veröffentlichungen (Hebenstreit/Kühnel 2004) zu den unterschiedlichen Schwerpunkten herausgegeben. Auch wird ein Multiplikatorenkonzept entwickelt. Einladungen aus ganz Deutschland zu Fachkongressen und Tagungen tragen außerdem zur Vorstellung und Verbreitung der EEC-Konzeption bei, und zahlreiche Besuchergruppen informieren sich vor Ort in der „Schillerstraße" über den Weg und die bisher erreichten Ergebnisse im Modellprojekt Kinder- und Familienzentrum „Schillerstraße".

Literatur

Hebenstreit-Müller, S.: Neue Wege in der Elternbildung. Perspektiven im internationalen Vergleich. In: TPS, Heft 3/2002
Hebenstreit-Müller, S./Kühnel, B. (Hrsg.): Kinderbeobachtung in Kitas. Erfahrungen und Methoden im ersten Early Excellence Centre in Berlin. Berlin: Dohrmann Verlag 2004
Team des Kinder- und Familienzentrums (2004): Konzeptbausteine (bislang nicht veröffentlicht)
Pen Green Centre (2005): www.pengreen.org
Pestalozzi-Fröbel Haus (2005): www.pfh-berlin.de

Ilse Wehrmann

Familien- und Kinderhäuser in Deutschland – eine Allianz für Bedürfnisse von Familien

> *Eine Gesellschaft offenbart sich nirgendwo deutlicher*
> *als in der Art und Weise wie sie mit ihren Kindern umgeht.*
> *Unser Erfolg muss am Glück und Wohlergehen unserer Kinder*
> *gemessen werden, die in einer jeden Gesellschaft*
> *zugleich die verwundbarsten Bürger und*
> *deren größter Reichtum sind.*
> (Nelson Mandela)

Ausgangslage der Familien in Deutschland

Kindergarten und Schule sind seit den PISA-Studien erfreulicherweise in den Blickpunkt der öffentlichen Diskussion gerückt und endlich zum Anliegen aller bundespolitischen Parteien geworden. Die Versäumnisse der vergangenen Jahrzehnte sind unübersehbar: Die Bundesrepublik droht ihren internationalen Stellenwert sowohl als Wirtschafts- als auch als Bildungsstandort zu verlieren. Ohne nationale Kraftanstrengung wird die gegenwärtige Situation nicht zu überwinden sein. Das deutsche System der Tageseinrichtungen für Kinder unter sechs Jahren bedarf der dringenden Reform. Es weist im europäischen und internationalen Vergleich einen erheblichen Entwicklungsbedarf auf.

Tiefgreifende gesellschaftliche Wandlungsprozesse, die in der Öffentlichkeit auch unter den Stichworten „Globalisierung" und „Modernisierung" diskutiert werden, haben erheblichen Einfluss auf familiale Lebensbedingungen. Zu nennen sind hier etwa die hohen Anforderungen an die Mobilität und zeitliche Flexibilität von Arbeitnehmer/innen, der steigende Anteil von Familien mit Migrationshintergrund, die gesunkene Stabilität von elterlichen Partnerschaften oder die wachsende Zahl von Alleinerziehenden. Das führt dazu, dass Kinder je nach familiärer

Herkunft sehr unterschiedliche Chancen auf eine erfolgreiche Bildungs-
karriere mit weiterführenden Schulabschlüssen haben. Beide PISA-Studien bestätigen dies.

Realität ist, dass in Deutschland etwa 15 Prozent aller Kinder als arm
gelten und mit ihren Eltern unterhalb der definierten Armutsgrenze
(weniger als 60 Prozent des durchschnittlichen Nettoeinkommens) leben. Anders ausgedrückt: Rund 1,5 Millionen Kinder leben auf Sozial-
hilfeniveau. Die Dunkelziffer wird auf ca. 200.000 geschätzt. In West-
deutschland beträgt die Kinderarmutsquote 12,4 Prozent, im Osten
23,7 Prozent. Mehr als eine Million der Familienhaushalte in Deutschland sind überschuldet, mit all dem Druck, der zu dieser Lebenslage gehört (DPWV 2005).

Hinzu kommen die aktuellen Sozialreformen, insbesondere die Zu-
sammenlegung von Arbeitslosen- und Sozialhilfe (Hartz IV). Sie betreffen rund 5,8 Millionen Menschen (Arbeitslose und ihre Angehörigen in
ca. 2,8 Millionen Bedarfsgemeinschaften), davon etwa 1,8 Millionen
minderjährige Kinder. Hierzu zwei Beispiele:

1. Rund 500.000 Haushalte (mit ca. 1,1 Millionen Menschen), die Arbeitslosenhilfe erhielten, verloren diesen Anspruch nach dem Sozial-
   gesetzbuch (SGB) II. Dies betrifft insbesondere Frauen, die durch die
   Absenkung der Grenzen für die Anrechnung des Einkommens ihrer
   Partner aus dem Leistungsbezug herausfallen. Betroffen sind auch
   rund 300.000 Kinder.
2. Rund 2,2 Millionen Haushalte mit ca. 4,5 Millionen Personen, davon
   etwa 1,5 Millionen Kinder, werden Sozialgeld oder Arbeitslosenhilfe
   (ALF) erhalten. Damit wäre mit einer Quote von 9,7 Prozent fast jedes zehnte Kind in Deutschland betroffen.

Das Ergebnis: rund ein Drittel aller Kinder in Deutschland sind vom
normalen gesellschaftlichen Leben ausgeschlossen (DPWV 2005). Zudem stehen die Anforderungen des Arbeitsmarktes den Bedürfnissen
von Familien nach Zeit für Beziehung und adäquate Versorgung von
Kindern oft diametral entgegen, wozu Kontinuität und Verlässlichkeit
gehören.

Konsequenzen für die frühkindliche Erziehung, Bildung und Betreuung

Eine Gesellschaft, die von Eltern ein derartiges Höchstmaß an Einsatz, Mobilität und Flexibilität fordert, muss neue Wege auch in der Kinderbetreuung beschreiten, die den Blick auf die gesamte Familie richtet. Sie muss allen Kindern die gleichen Chancen zur Bildung, persönlichen Entwicklung und Entfaltung sowie zur gesellschaftlichen Teilhabe bieten, unabhängig von der sozialen, ethnischen und kulturellen Herkunft ihrer Eltern. Die dafür erforderlichen Angebote müssen ausgebaut und – wenn nicht kostenfrei – zumindest kostengünstig angeboten werden. Dafür müssen die frühkindliche Erziehung, Bildung und Betreuung folgende Kriterien erfüllen:

■ Orientierung der Angebote in der Kindertagesbetreuung an den Bedürfnissen von Familien, und nicht an staatlichen Sparmaßnahmen;

■ Unterstützung der Familien bei der Vereinbarkeit von Berufstätigkeit und Familienarbeit, insbesondere mit Blick auf diejenigen Frauen, die eine verlässliche Infrastruktur benötigen, um ihre Lebensentwürfe in Bezug auf Berufstätigkeit und Qualifizierung umsetzen zu können;

■ Ausbau von Ganztagsangeboten, um Familien, die durch zunehmend flexible Arbeitszeiten belastet werden, zu entlasten;

■ unbehinderter Zugang zu qualifizierten Erziehungs-, Bildungs- und Betreuungsangeboten für alle Kinder, insbesondere solche in prekären Lebenslagen.

Angesichts dieser Anforderungen an die frühkindliche Erziehung, Bildung und Betreuung gewinnt die Tagespflege als Angebot, das spezifische Bedarfslagen von Familien abdeckt und ergänzend zu institutionellen Angeboten Familien entlasten kann, zunehmend an Bedeutung. Daher ist es zu begrüßen, dass das Tagesbetreuungsausbaugesetz (TAG) eine Grundqualifizierung für Tagespflegepersonen ausdrücklich fordert.

Die Begleitung in schwierigen Lebenslagen durch familienunterstützende und -entlastende Dienste ist ein Kernangebot in evangelischen Kindertageseinrichtungen

Eine familienfreundliche Infrastruktur schließt Erziehungsberatung, Paar- und Familienberatung, Schwangeren- und Schwangerschaftskonfliktberatung, Schuldnerberatung und Migrationsdienste ebenso mit ein wie Angebote der Familienbildung oder für Alleinerziehende. Ihre Bedeutung verstärkt sich mit der zunehmenden Auseinanderentwicklung der Lebensverhältnisse in unserem Land. In Anbetracht der beschriebenen gesellschaftlichen Veränderungen gewinnen insbesondere zwei Aspekte der Förderung und Entlastung von Familien mit Kindern im Vorschulalter zunehmend an Bedeutung:

Stärkung der Alltags- und Elternkompetenz

Viele Eltern sind in Bezug auf Bildung, Lebensziele oder Erziehungsstile hochgradig verunsichert. Deshalb müssen Kindertageseinrichtungen ihre Angebote zur Orientierung, Wertebildung und Vergewisserung erhöhen. Kinder aus Familien mit nicht genügend ausgebildeten Elternkompetenzen sind latent der Gefahr von Benachteiligungen ausgesetzt. Diese Tatsache müssen die Bildungskonzepte von Tagesbetreuung, aber auch von Schule, berücksichtigen. Die evangelische Familienbildung hat bereits Konzepte zur Unterstützung der Handlungs- und Bewältigungskompetenzen bei Eltern und zur Stabilisierung ihrer Erziehungsfähigkeit entwickelt. Damit leistet sie einen wichtigen Beitrag, die soziale Vererbung von Bildungsarmut zu durchbrechen.

Hinzu kommen niedrigschwellige Angebote zur Steigerung von Kompetenzen der Alltagsbewältigung, wie z. B. Erreichbarkeit der Berater und Beraterinnen im Lebensumfeld der Familien, an der Berufstätigkeit der Eltern orientierte Öffnungszeiten oder Komm-Strukturen in den Einrichtungen. Komplettiert wird das Angebot durch Hilfen wie Schuldnerberatung bzw. Angebote zur Existenzbewältigung (angesichts des dramatischen Anstiegs von privaten Insolvenzen immer häufiger nachgefragt) bis hin zur Freizeitgestaltung.

Bildung von Netzwerken

Bei der Förderung der Erziehungskompetenzen von Eltern und der Unterstützung von Entwicklungs- und Lernmöglichkeiten ihrer Kinder kommt sozialen und institutionellen Netzwerken immer mehr Bedeutung zu. Diese Netzwerke müssen aus den verschiedensten Akteuren innerhalb einer Region bzw. Kommune bestehen. Ihre Träger – Kindertageseinrichtungen und Schulen, freie Träger der Bildung und Beratung sowie kommunale Ämter und Dienste – sollten bei erkennbaren Krisen in der Familie im Sinne eines interdisziplinären Fallmanagements zusammenarbeiten, um die notwendigen Hilfen zu mobilisieren. Kindertageseinrichtungen in kirchlicher Trägerschaft bieten hier wichtige Anstöße, weil sie über ein breites Netz an unterschiedlichen Angeboten und Hilfen für Familien verfügen. Gemeinsame Planung auf der Grundlage von Bedarfserhebung und eine abgestimmte Konzeptentwicklung der verschiedenen Dienste in der Region könnten die Angebote (ohne höheren Mittelbedarf) noch effizienter machen.

Kindergärten als Familien- und Kinderhäuser

Angesichts des oben beschriebenen enormen Handlungsbedarfes sowohl im Hinblick auf die Vereinbarkeit von Familie und Beruf als auch die Neudefinition des Kindergartenauftrags, Erziehung, Bildung und Betreuung zu vereinen, müssen sich Kindertagesstätten mehr zu Häusern für Kinder und Familien entwickeln. Konkret bedeutet dies, dass sie dazu beitragen, die Lebensqualität von Familien zu verbessern und zu unterstützen, die elterliche Erziehungskompetenz zu fördern, sich konzeptionell etablierten Institutionen zu öffnen und an den Schnittstellen neue Angebote zu entwickeln. Häuser für Kinder und Familien müssen ein zentraler Baustein in einer Familie und in einer kindorientierten Infrastruktur sein und sollten im Kontext einer neuen Allianz für Familien stehen. Dies setzt nicht nur eine hochwertige und verlässliche Ganztagsbetreuung in Kindergärten und Schulen voraus. Außerdem sind die Kindertagesstätten gefordert, flexible Angebotsformen zu entwickeln, die in einen verlässlichen Bildungsauftrag eingebettet sind.

Bei näherer Betrachtung bieten sich Kindergärten zahlreiche Möglichkeiten, ihr bestehendes Leistungsspektrum in diese Richtung zu erweitern und den Familien in ihrem Stadtteil weitere attraktive Angebote zur Verfügung zu stellen, ohne dabei ihre Struktur verändern zu müssen. Einige dieser Ideen werden bereits vereinzelt in einigen Kindertagesheimen umgesetzt, in Bremen beispielsweise folgende:

- Babysitter- und Tagemüttervermittlung,
- flexible kurzfristige Betreuungsangebote außerhalb der üblichen Betreuungszeiten,
- Betreuung an einem Samstag im Monat,
- Übernachtungsangebot im Kinderhotel, einmal im Monat,
- mehrtägige Familienfreizeiten,
- Ferienprogramme für Kinder zwischen fünf und acht Jahren,
- betriebsnahe Krippen für unter Dreijährige,
- Familienservice für Firmen,
- Beratungssprechstunden für Eltern,
- Angebote zur Elternbildung,
- Nutzungsmöglichkeiten der Räume im Kindergarten für Kindergeburtstage, Gruppentreffen etc.

Mit Angeboten wie diesen können sich Kindergärten als Begegnungsstätten für Familien empfehlen und einen Teil der Eltern im Stadtteil an sich binden (bei sinkenden Kinderzahlen und angesichts des Wettbewerbs mit anderen Einrichtungen ein nicht unwichtiger Aspekt). Nicht jedes Angebot passt zu jeder Kindertageseinrichtung. In einer Region mit hoher Arbeitslosigkeit und eher bildungsfernen Eltern ist es vielleicht wichtiger, Hilfe beim Ausfüllen behördlicher Formulare anzubieten als Babysitter zu vermitteln. Die für solche Angebote erforderlichen Räumlichkeiten sind in vielen Häusern vorhanden; die Frage aber ist, wer alle diese Maßnahmen umsetzen soll und wie sie finanziert werden.

Zunächst einmal müssen nicht alle Angebote von den Mitarbeiterinnen der Einrichtungen offeriert werden. Angebote wie Betreuung von Tagesmüttern oder Babysittervermittlung könnten grundsätzlich auch interessierte Eltern übernehmen. Es spricht auch nichts dagegen, dass Eltern, die beispielsweise ein Angebot am Wochenende in Anspruch nehmen, auch bereit sein sollten, für diesen zusätzlichen Service zu bezahlen. Denkbar ist ferner, für die Überlassung der Räumlichkeiten ebenfalls eine kleine Gebühr zu erheben.

Ein Wandel von einem Kindertagesheim zu einem Kinderhaus, das sich an den Wünschen und Bedarfen von Familien orientiert, ist ohne Veränderungen in der Struktur der Tageseinrichtung nicht umsetzbar.

Was für die Einrichtung eines Kinderhauses spricht und wie es in der Praxis aussehen könnte, beschreibt der folgende Konzeptentwurf.

Das Bremer Modellprojekt Kinderhaus

Dem Modellprojekt Kinderhaus, das visionär die Kindertageseinrichtung der Zukunft beschreibt und bislang nur punktuell in die Praxis umgesetzt ist, liegt folgende Überlegung zugrunde: Wo früher in einer großen Familie Großeltern oder andere Familienmitglieder die Eltern bei der Betreuung und Versorgung der Kinder unterstützt haben, klafft heute ein großes Loch. Deshalb drängen sich in Bremen, wo die Versorgung von Kindern im Alter von drei bis sechs Jahren für einige Stunden am Tag durch diverse Kindertageseinrichtungen insgesamt relativ gut abgedeckt ist, bei näherer Betrachtung dennoch Fragen auf:

- Wie ist die Versorgung der unter drei- und über sechsjährigen Kinder?
- Wohin mit Kindern, die nur leicht krank sind, aber nicht in die Einrichtung gehen können?
- Wo finden Eltern Entlastung, wenn sie ohne Kind(er) weggehen möchten oder einen wichtigen Termin wahrnehmen müssen?
- Wer betreut die Kinder außerhalb der üblichen Betreuungszeiten oder in den Ferien?
- Wo finden Eltern behinderter Kinder eine Betreuung und Beratung außerhalb einer Institution?

Ein Kinderhaus kann Bereiche wie diese zum Teil abdecken, bietet vor allem aber den Vorteil, dass es auf vielerlei Weise genutzt werden kann und ein breites Angebotsspektrum ermöglicht. Alle im Folgenden vorgestellten Angebote sollten auch behinderten Kinder bzw. deren Eltern offen stehen. Optimal wäre natürlich eine Verbindung mit einem schon vorhandenen Betreuungsangebot für drei- bis sechsjährige Kinder.

Kinderhotel (Kurzzeitunterbringung mit Übernachtungsmöglichkeit)

Kinderhotels sind für die Kurzzeitunterbringung mit Übernachtung für Kinder bis zu zwölf Jahren vorgesehen. Die Betreuungszeit dauert von 17.00 Uhr bis 11.00 Uhr des nachfolgenden Tages. Die Kosten betragen inklusive Abendessen und Frühstück ca. 25 Euro pro Übernachtung und Kind. Für die Unterbringung eines Kindes über mehrere Tage im Hotel ist ein Tagessatz in Höhe von ca. 50 Euro veranschlagt. Es sollten zwei Räume mit einer Bettenkapazität von insgesamt sechs bis acht Betten für die Kinder zur Verfügung stehen. Neben jeweils einem Aufenthaltsraum für Kinder und Betreuerinnen müssen eine Teeküche, ein Waschraum und Toiletten vorhanden sein.

Kinderstation (zur Betreuung von leicht erkrankten Kindern)

Die Kinderstation ist für die Betreuung von leicht erkrankten oder behinderten Kindern gedacht. Dafür sollte im Kindergarten ein Raum zur Verfügung stehen, der zwei bis vier Kindern Platz bietet. Die Station kann auch an das Kinderhotel angebunden sein, wodurch eine gemeinsame Nutzung der sanitären Anlagen und des Betreuerraums möglich wird. Die Kosten orientieren sich an denen des Kinderhotels. Hier wären eventuell Möglichkeiten der Abrechnung über die Krankenkassen zu prüfen.

Bei diesem Angebot geht es nicht darum, schwer kranke Kinder in die Betreuung zu geben – die sind natürlich zu Hause am besten aufgehoben –, sondern vielmehr darum, dass sich Kinder, die nach einer Krankheit noch ein bisschen „schlapp" sind, dort noch ein paar Tage in Ruhe erholen können, bevor sie wieder in ihre Kindergruppe zurückkehren.

Flexible Betreuung (back-up-care) für Kinder von drei bis zwölf Jahren

Hier werden Kinder im Alter von drei bis zwölf Jahren stunden- oder tageweise betreut, z. B. wenn die übliche Betreuung ausfällt, ihre Eltern wichtige Termine wahrnehmen müssen oder als Touristen die Sehenswürdigkeiten der Stadt allein erkunden möchten, wenn Kinder auf einen Regelbetreuungsplatz warten oder wenn Neubürger, die noch keine Kontakte haben, Betreuung für ihre Kinder brauchen.

Es werden maximal 20 Kinder gleichzeitig betreut. Dafür sollten zwei Spielräume zur Verfügung stehen, des Weiteren Küche, Waschraum und Toiletten sowie ein Außengelände zum Spielen im Freien. Die Betreuungszeiten sollten idealerweise von Montag bis Freitag jeweils von 10.00 bis 20.00 Uhr stattfinden, an Samstagen von 10.00 bis 16.00 Uhr. Die Betreuung kostet 5 Euro pro Kind und Stunde. Bei längerfristiger Betreuung werden die Zeiten und anfallenden Kosten individuell vereinbart. Nach Möglichkeit sollten die Kinder vorher angemeldet werden.

Pflegenest (Betreuung für Kinder unter drei Jahren)

In Pflegenestern werden Kinder unter drei Jahren betreut. Die Nester bieten Platz für maximal zehn Kinder; für die Stammgruppe sind sieben bis acht Plätze vorgesehen, bei verbleibenden zwei bis drei Notfallplätzen. Die Betreuung sollte von 8.00 bis 16.00 Uhr stattfinden. Die Betreuungskosten belaufen sich für Kinder der Stammgruppe auf ca. 500 Euro pro Kind und Monat. Bei stundenweiser Betreuung beträgt der Preis aufgrund des höheren Personalaufwands ca. 7 Euro pro Stunde. Für die Kinder sollten jeweils ein Spiel- und ein Ruheraum zur Verfügung stehen, ebenso Küche und sanitäre Anlagen. Letztere könnten mit den Kindern der flexiblen Betreuung gemeinsam genutzt werden.

Babysitterservice

Dieses Angebot erfordert vorab den Aufbau eines Pools von Babysitter/innen, aus dem Eltern in ihrer Wohnortnähe eine qualifizierte Person für die Betreuung ihrer Kinder wählen können. Die Eltern sollten die Möglichkeit haben, sich im Kinderhaus über die zur Verfügung stehenden Betreuerinnen und über die Kosten und Bedingungen bei Inanspruchnahme dieses Service zu informieren.

Beratungsangebote für Eltern

Eltern erhalten die Möglichkeit, sich mit ihren Fragen und Problemen an das Fachpersonal bzw. die Fachberater/innen zu wenden.

Elternbildung

Die räumliche und personelle Ausstattung des Hauses sollte Möglichkeiten bieten, Eltern beim Austausch über Erziehungsfragen zu unterstützen und ihnen Angebote zu unterbreiten.

Voraussetzungen für die praktische Umsetzung

Möglicher Personalbedarf

Der Betrieb des Kinderhotels und der Kinderstation würde zwei Betreuerinnen erfordern, die bei voller Auslastung eventuell zusätzlich von einer stundenweisen Hilfe unterstützt werden. Sie sollten eine abgeschlossene Ausbildung als Erzieherin, Kinderpflegerin oder Kinderkrankenschwester bzw. -pfleger vorweisen können. Für die flexible Betreuung der Kinder

sind je nach Auslastung zwei bis drei Erzieherinnen erforderlich. Die Betreuung der Kinder im Pflegenest könnten von zwei Kinderpflegerinnen
übernommen werden. Zusätzlich wäre noch eine Springkraft erforderlich,
zur Unterstützung eventuell noch ein Zivildienstleistender oder ein/e
Praktikant/in. Des Weiteren werden noch für die Organisation und die Beratung
eine Hausleitung, z. B. ein/e qualifizierte/r Erzieher/in, Sozialpädagogin
bzw. Sozialpädagoge o. Ä., für die Abwicklung der anfallenden Büroarbeiten eine Verwaltungskraft sowie eine Reinigungskraft und eine
hauswirtschaftliche Hilfe benötigt.

Finanzierung

Für die Finanzierung dieses Modellprojektes sind mehrere Möglichkeiten denkbar: zunächst die direkte Finanzierung durch die Anspruchneh-
mer über die Beiträge der Eltern, wobei diese Elternbeiträge nur zu halten sind, wenn das Amt für Soziale Dienste für dieses Projekt eine
Grundförderung leistet. Je nach Zielgruppe kommen Gelder über Krankenkassen, Arbeitsämter, die Aktion Mensch (früher Aktion Sorgen-
kind), die Kirchen oder die kommunalen Fremdenverkehrsämter bzw.
Tourismusverbände infrage, letztere beispielsweise bei der kurzzeitigen
Betreuung von Kindern von Touristen. Einnahmen ließen sich ebenfalls
erzielen durch den Verkauf von Back-up-Plätzen an Firmen oder durch
Unterstützung seitens privater Sponsoren aus der Umgebung. Infrage
käme auch die Bereitstellung von Übergangspflegeplätzen für das Jugendamt gegen Entgelt.

Das Kinderhaus als Ort für Familien

Ausschlaggebend für die Planung des Modellprojektes Kinderhaus waren Überlegungen, wie Eltern noch besser unterstützt und entlastet werden können. Gleichermaßen kam es uns darauf an, mit dieser Einrichtung einen Ort zu schaffen, an dem sich Kinder wohl und geborgen
fühlen können – auch für kurze Zeit. Sie sollen hier gute Bedingungen
vorfinden, ein Klima von Wärme und Angenommensein und eine Betreuung und Förderung durch qualifizierte Mitarbeiterinnen.

Das Kinderhaus versteht sich als Institution, in der sich die verschiedenen Betreuungsbereiche so gut wie möglich miteinander verknüpfen lassen. Demzufolge sind Besuche der Kinder aus den ver-

schiedenen Gruppen untereinander durchaus erwünscht und beabsichtigt.

Um die Kinder und Eltern mit dem Haus und den Gegebenheiten vertraut zu machen, sollte regelmäßig ein Schnuppertag für Familien stattfinden, an dem die Eltern gemeinsam mit den Kindern spielen und das Haus kennen lernen können. So ist ihnen im Bedarfsfall die Einrichtung nicht mehr fremd.

Sofern es die räumlichen Bedingungen zulassen, sollte in dem Haus auch für die Eltern ein Raum zur Verfügung stehen, in dem sie sich treffen, austauschen – und bei Bedarf – auch fachliche Beratung in Anspruch nehmen können. Ebenso denkbar ist eine Zusammenarbeit mit anderen Gruppen und Organisationen, die sich mit Kindern und Familien befassen, wie Tagesmutterbörse, Verein „Kinder haben Rechte" etc.

Zusammenfassend eine Auflistung der wichtigsten Argumente für die Einrichtung eines solchen Kinderhauses:

- Entlastung für Eltern und besonders für allein erziehende Elternteile,
- Möglichkeit zum Austausch mit den Eltern, für Information und Beratung,
- Ort der Begegnung für Kinder und Familien,
- qualifizierte und bedarfsgerechte Betreuung von Kindern auch außerhalb der üblichen Betreuungszeiten,
- Entlastung des Jugendamtes durch Bereitstellung von Übergangspflegeplätzen,
- Möglichkeit für Firmen und Sponsoren, zu zeigen, dass sie Eltern unterstützen wollen in dem Bemühen, Familie und Beruf zu vereinbaren,
- Bremen als familienfreundliche Stadt auch für Besucher mit diesem Angebot noch attraktiver zu machen.

Dieser Vision werden derzeit nicht nur in finanzieller Hinsicht Grenzen gesetzt, auch hat sich der Gedanke vom Kindergarten als Anbieter von Dienstleistungen noch nicht recht durchsetzen können. Viele Erzieherinnen fürchten den Verlust von Strukturen und pädagogischen Inhalten. Trotz aller Befürchtungen: Kinder sind Teil der Familien, in denen sie leben. Wenn es den Familien leichter gemacht wird, Kinder und Beruf zu vereinbaren, wird es sich auch positiv auf die Kinder auswirken.

Es geht nicht darum, Eltern aus ihrer Erziehungsverantwortung zu entlassen und die Kinder möglichst oft und lange fremdbetreut unterzubringen. Aber Kinder haben auch ein Recht auf Förderung und Begleitung ihrer Entwicklung, dem nicht immer in allen Familien entsprochen wird. Und es geht auch um das Recht der Eltern, frei entscheiden zu können, welchen Lebensentwurf sie für sich und ihre Familie umsetzten möchten. Diese Wahlfreiheit haben sie aber nur dann, wenn es auch entsprechend finanzierbare und für alle ausreichend nutzbare Angebote gibt. Es darf nicht mehr heißen: Kind oder Beruf – Beides muss möglich sein! Dazu muss nicht nur der Staat seinen Anteil leisten, auch Firmen, freie Träger und Einrichtungen können dazu beitragen.

Literatur

Der Paritätische Wohlfahrtsverband (DPWV): „Zum Leben zu wenig ..." – Expertise zu Sozialhilfe und Arbeitslosengeld II. Berlin: Selbstverlag 2005

Angaben zu den Autorinnen und Autoren

Jutta Burdorf-Schulz, Leitung des Kinder- und Familienzentrums „Schillerstraße" in Berlin und Projektkoordination

Wilfried Griebel, Dipl.-Psychologe, Wissenschaftlicher Mitarbeiter am Staatsinstitut für Frühpädagogik, München

Dr. Bernhard Kalicki, Dipl.-Psychologe, Wissenschaftlicher Mitarbeiter am Staatsinstitut für Frühpädagogik, München

Werner Lachenmaier, Dipl.-Soziologe, Wissenschaftlicher Referent im Staatsinstitut für Frühpädagogik, München

Renate Müller, Leitung der Kita „Schillerstraße" des Pestalozzi-Fröbel-Hauses in Berlin

Renate Niesel, Dipl.-Psychologin, Wissenschaftliche Mitarbeiterin am Staatsinstitut für Frühpädagogik, München

Dr. Monika Springer, Referentin Interkulturelle Pädagogik im Jugend- und Elementarbereich bei der Hauptstelle RAA in Essen

Dr. Martin R. Textor, Dipl.-Pädagoge, Wissenschaftlicher Angestellter im Staatsinstitut für Frühpädagogik, München

Ilse Wehrmann, Abteilungsleiterin der Bremischen Evangelischen Kirche. Geschäftsführerin des Landesverbandes Evangelischer Tageseinrichtungen für Kinder in Bremen. Von Mai 2000 bis Februar 2005 Vorsitzende der Bundesvereinigung Evangelischer Tageseinrichtungen für Kinder e.V. (BETA)